Demasiado famosos

SANTIAGO ALVERÚ

Demasiado famosos

AGUILAR

Papel certificado por el Forest Stewardship Council®

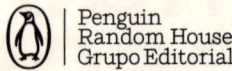

Primera edición: mayo de 2024

Printed in Spain – Impreso en España

ISBN: 978-84-03-52442-2
Depósito legal: B-4.547-2024

Compuesto en Mirakel Studio, S. L. U.

Impreso en Black Print CPI Ibérica, S. L.
Sant Andreu de la Barca (Barcelona)

AG 2 4 4 2 2

ÍNDICE

PRÓLOGO
por Jaime Lorente

Este es un libro sobre la fama, pero yo no tengo muy claro en qué momento descubrí que era famoso. Sí sé que cuando Netflix estrenó *La casa de papel*, algo hizo clic en mi vida. El termómetro más directo fueron las redes sociales. Recuerdo mirar Instagram una Nochebuena, justo después de que la plataforma subiese la serie, y ver que había pasado de algunos miles de seguidores a más de medio millón. Mis amigos entraban cada poco a comprobar la cifra y aquello no paraba de crecer. Casi toda era gente de fuera de España, pues aquí la explosión ocurrió un poco más tarde.

Luego llegó la transformación de mi círculo más cercano. El primer cambio de comportamiento se tradujo en un trato de favor por parte de quienes me rodeaban. Esto fue especialmente difícil de asimilar. Pasé de estar con mi gente al mismo nivel, de compartir lo que me ocurría de manera natural, sin corazas ni hostias, a ver cómo comenzaban a mirarme de manera diferente. Empezaban a hablar más de mi curro que de mí. Ese era el único tema de conversación. El curro, *La casa de papel*. «Aprovecha este momento, que esto se acaba», me decían. La presión era *heavy*.

Más que de trabajo hablaban de exposición. Las conversaciones no se centraban en lo que me apetecía hacer, sino en cuándo se iba a repetir esto. Las personas que me rodeaban no disfrutaban de lo que estuviese sintiendo mientras hacía un trabajo específico. Disfrutaban de mi fama, de que estuviese en primera línea. Su forma de valorarme tuvo un gran impacto en mi manera de vivir. Por ejemplo: para mí el teatro siempre ha sido una piedra en la que apoyarme. Siempre he intentado hacer una obra de teatro al año, independientemente de cualquier otro proyecto que pudiese surgir. De pronto, la gente me decía: «¿Vas a volver al teatro?». Me lo preguntaban como si fuese un paso para atrás, mientras añadían otras advertencias. «No dejes pasar este tren». «A lo mejor te vas y se cierra el grifo». Terminé creyéndome esta teoría y apartándome de lo que más me gustaba.

La fama me ha aislado muchísimo. Yo siempre he sido tímido, siempre me he sentido muy solo en cualquier sitio en el que estuviese, pero la fama ha potenciado eso. El nivel de exposición que he tenido, sobre todo con *La casa de papel*, me ha hecho aislarme mucho, porque la única forma de proteger lo que yo considero que soy era no escuchar lo que los demás decían que era. Todo el mundo me paraba por algo con lo que me siento muy poco identificado. Para dejar de escuchar esas miles de voces que me estaban fastidiando la cabeza tuve que quedarme muy solo. Al recluirme, a veces me pasé de frenada. Llegué a separarme de gente de la que no debería haberme distanciado. Me he puesto las cosas difíciles. Por cerrar la puerta a aquellos que no me conocían también se la cerré a amigos o familiares que tenía muy cerca. Eso sí que me ha hecho sufrir, el ir demasiado lejos.

En la etapa más fuerte de esta notoriedad, mis manías y supersticiones dominaban partes de mi vida. Me pasaban cosas de todo tipo. Salía de mi casa en Murcia, llevaba veinte minutos conduciendo, y tenía que dar la vuelta para cerrar siete veces la puerta de mi casa. Me ponía la misma camiseta doscientas mil veces, cumplía mil manías porque estaba convencido de que si no lo hacía todo iría mal, si no repetía cada paso que había dado, todo se iría a la mierda. Vivía con miedo a dejar de tener todo lo que me estaba pasando y me estaba volviendo loco. Por suerte, esta parte ya no me domina. Recuerdo que eso lo traté mucho con el psicólogo. Empecé a practicar un ejercicio muy simple: rendirme. Mi psicólogo me animaba a dejar que las cosas pasasen, e incluso a permitir que saliesen mal. Lo hice, empecé a rendirme y a ver que no pasaba absolutamente nada, y poco a poco comencé a quitarme el miedo.

Mi relación con el dinero ha cambiado mucho. Yo no empecé a trabajar o a formarme en esto por ambición económica. Nunca. De hecho, creo que hay que ser gilipollas, hay que ser imbécil para querer enriquecerte siendo actor. Entiendo que para un niño que tiene miles de seguidores en Instagram y le proponen actuar en una peli y dice que sí, lo económico sea lo único en lo que piensa. Pero para un chaval de Murcia que se mete a la escuela de arte dramático, que se quiere formar, que tiene un compromiso bonito con su oficio, el dinero nunca fue una motivación. Pero, de repente, el éxito hace que lo económico sí se convierta en una prioridad. Mi pensamiento se dejaba llevar más por el dinero que por lo artístico. Siempre defenderé que alguien, por supuesto, debe cobrar por su trabajo, debe cobrar bien y de acuerdo con lo que genere. Pero aquello había apagado por completo mi ilusión como actor. Solo pensaba en la pasta. Si yo nunca quise dedicarme a esto para conseguir pasta, ¿por qué ahora le estoy dando tanta importancia?

Por supuesto que la fama me ha cambiado. Pese a que siga queriendo tener las relaciones que tenía, o ser la persona que siempre he sido, todo ha cambiado a mi alrededor, ¿cómo no voy a cambiar yo? Está bien intentar tener los pies en la tierra, pero no me creo que ninguna persona que lo haya petado a nivel social vuelva a su casa y la sigan tratando como era antes. No es posible, porque antes la señora del pan no te pedía una foto. Ahora hay un Maserati en la puerta y antes ibas en bus. Seguramente quieras mantener tu esencia, pero no sigues siendo el de siempre. He intentado que estos cambios me afecten lo menos posible, he procurado estar atento a cualquier signo de estar convirtiéndome en un gilipollas. No me puedo guiar por mis raíces, mis orígenes no pueden ser mi norte. Cuando era pequeño, toda la gente donde nací me trataba de una forma. Ahora tengo éxito por una serie y, excepto mis padres y mis hermanos, toda esa gente que se comportaba conmigo de una manera me está tratando de otra. Qué norte va a ser ese, cuando vuelvo al sitio de donde he sido siempre y todos han cambiado.

He intentado mencionar cada parte de la fama que desarrolla este libro, resumir lo que sé sobre ellas. Hace meses, Santi me preguntó si merecía la pena. La respuesta es sencilla: no. El trabajo personal que uno debe llevar a cabo para soportar todo esto llega demasiado tarde. Hace poco alguien me dijo que ser padre es la única carrera donde te dan el título antes de estudiarla y creo que con la fama ocurre un poco lo mismo. Si existiese una preparación emocional, un aprendizaje que nos acompañase mientras crecemos, si pudiésemos cuidar a quienes pasan por esto, quizá merecería la pena. Pero se sufre tanto, que no lo merece. Pienso mucho en el fin de mi fama, en un futuro en el que llegue a tener un equilibrio entre mi trabajo y mi vida personal, mientras no le dedico ni un segundo a lo que piensen los demás de mí. Espero encontrarlo pronto.

INTRODUCCIÓN

A lo largo de mi vida he conocido a mucha gente famosa. Y la primera cosa, o la más habitual, que se me viene a la mente cuando ocurre es: «¿Cómo es posible que esta persona sea tan gilipollas?». Se repite tanto que quise averiguar si había una razón, una forma de expresarlo objetivamente. De aquí este libro. Un manual para, por un lado, advertir las tonterías a las que estamos expuestos a diario y, por otro, para intentar explicarlas, definir su origen.

Esto será divertido y luego dejará de serlo. Será divertido cuando hable de gente que no te cae guay, cuando destripe las razones por las que ese o esa están ahí. Y dejará de serlo porque también voy a explicar que ser famoso implica participar en un sistema que está amañado. Nadie se libra. De alguna manera, tú tampoco. Quizá reconozcas, en cómo han ascendido otros, las trampas que tú mismo cometiste en su momento, o los mismos defectos que has ido adquiriendo.

Puede que te sorprenda la combinación de nombres que abundan en estas páginas. Mencionaré capítulos concretos de las vidas de Juan Carlos I y Kevin Hart, de Kanye West o Rafa Nadal. Ana Obregón y Georgina están en un mismo capítulo,

igual que los Bee Gees y Juan Antonio Canta. Pablo Motos
también aparece, lo mismo que Will Smith. Las consecuencias
de la fama que detalla cada capítulo son aplicables a todos ellos.
A medida que aumenta el nivel de exposición, aumenta la in-
cidencia. Tal vez unos sean más supersticiosos y otros menos.
A lo mejor unos se drogan y otros se aíslan. Pero te prometo
que, después de todo mi trabajo, puedo asegurar que el chaval
más popular de tu colegio y el cantante que más haya vendido
este mes viven las mismas realidades, solo que en una medida
distinta.

He decidido mantener un tono que no convierta a los famosos en víctimas, pero que tampoco los deshumanice. Mi
intención ha sido siempre que este libro se pudiese enviar a
cualquiera de los nombres propios que aparecen en él. Aunque
no estén de acuerdo conmigo, creo que podrán ver documen-
tación, esfuerzo y coherencia detrás de cada frase. No tendría
ningún valor ensañarse, confeccionar un escarnio público. Mi
objetivo es generar entendimiento.[1] En primer lugar, del lector
hacia el fenómeno que describo. Pero ojalá también, quién sabe,
de los famosos hacia su realidad. Nada me gustaría más que
iniciar una conversación alrededor de este ensayo en la cual
participasen todas estas figuras de las que me he servido para
desarrollar análisis y teorías.

Cuando veo un post de Instagram de un tipo que presume
por actuar en un festival, veo perfectamente lo que hay detrás;
veo que su agencia produce ese mismo festival. Cuando veo a
una nueva presentadora en un programa, veo lo que hay detrás;
veo que tiene un contrato de cadena y no saben qué hacer con

---

[1] Y seguir trabajando, eso también me gustaría.

ella. También entiendo, cuando un pódcast recibe un premio, cómo lo ha conseguido. Entiendo que su patrocinador también financia la gala que lo ha premiado. Esta es una guía para que, a partir de ahora, tú también lo veas. Para que tú también comprendas las razones por las que alguien se hace famoso. Y ahí va un adelanto: ninguna tiene mucho que ver con el talento.

Cuando llegues a la última página, te puedo prometer dos cosas. La primera, que tendrás conocimiento, ejemplos y herramientas para cuestionar, con propiedad, la realidad en la que vives. La segunda, que entenderás el poder que tienes para hacer que el mundo cambie. Los famosos dependen de tu conformidad mucho más de lo que crees. Al final de la lectura dejarás de jugar a su juego.

I

¿QUÉ HACE FALTA PARA HACERSE FAMOSO?

Donde no preguntamos, nada aprendemos, y donde no buscamos, no encontramos nada.

STEFAN ZWEIG,
El misterio de la creación artística

Pasarse de la raya, propuestas radicales, vulgaridad inadmisible. Hay en la serie The Crown un análisis certero de lo poco que le apetecía a la monarquía británica y al Gobierno del país permitir la retransmisión por televisión de la coronación de la reina Victoria en 1953. Estaban, claro, equivocados. La historia del interés por las vidas de los poderosos se cuenta mejor si se analiza la capacidad del pueblo para acceder a imágenes de sus fiestas, vestidos o intimidades. A nadie le importaba mucho la familia real, pero cuando los medios forzaron su popularidad, llegó el fervor. La coronación de Carlos III costó alrededor de 125 millones de libras. Los tabloides tienen ahora línea directa con el príncipe Harry. Kate Middleton edita mal una foto y el mundo entero se paraliza.

Antes de participar en *Malditos bastardos* dando vida al coronel Hans Landa, Christoph Waltz había valorado dejar de actuar. Nacido en Viena el 4 de octubre de 1956, hijo de dos diseñadores de vestuario y nieto de actores, había dedicado toda su vida a la interpretación. Sin embargo, tras años cubriendo papeles secundarios y un frustrado intento de hacer carrera en Hollywood que acabaría con su matrimonio, estaba listo para dejarlo todo. La llamada que frenó esa decisión fue la de Quentin Tarantino. Conocía a Waltz por su papel en una serie austriaca llamada *Tatort*. Le hizo una pequeña prueba y al instante supo que había encontrado al mejor actor posible. Waltz tiene ahora dos premios Oscar y es una estrella del cine internacional.

Igual que el mundo corporativo bulle con historias de emprendedores que comenzaron en un garaje, el mundo de las *celebrities* se edifica sobre términos como «sueños» o «destino».[2] La fama, presentada a diario como un regalo para aquellos que saben apostar, un conejo blanco que atrapan únicamente los más válidos, es, en realidad, un ascenso social que responde a unos determinados intereses y cuyos pasos son medibles. Es un fenómeno que puede tratarse con objetividad y rigor desde el inicio histórico del término, pero especialmente hoy, cuando ser famoso depende más que nunca del resultado unilateral de las decisiones de unos pocos.

---

[2] En junio de 2016, el presentador Conan O'Brien preguntaba al humorista Bo Burnham si tenía algún consejo que ofrecer a los jóvenes que quisiesen triunfar en el entretenimiento, en el negocio del espectáculo. Burnham respondía: «Bueno, creo que lo mejor que puedes hacer es respirar hondo y rendirte. El sistema está amañado para acabar contigo. El talento y el trabajo duro no darán frutos». «Que Taylor Swift te diga "persigue tus sueños" —continuaba Burnham—, es como escuchar a un ganador de la lotería diciendo "convierte tus activos en efectivo, compra cupones, ¡funciona!"».

Waltz era igual de buen actor antes de que le llegase la oportunidad de su vida. La familia real británica era igual de caótica antes de que empezasen a hablar de ella. La popularidad, los premios o el cotilleo aparecen gracias a elementos externos. Entiendo que eliminar casi por completo el papel de la meritocracia en la realización personal es un movimiento que atenta contra algunos de nuestros principios más básicos. Acercarse al determinismo supone ver cómo se tambalean la esperanza en el futuro y las convicciones acerca del pasado. Mi intención, sin embargo, es justificar no solo que la fama se obtiene, en contra de lo que generalmente se intuye, a través de apoyos cuantificables y tangibles, sino que, además, una vez que alcanza su máxima expresión, se sostiene gracias a estructuras que fomentan comportamientos y ejemplos nocivos.

MATEMÁTICAS

Leo Braudy, autor de *The Frenzy of Renown*, uno de los textos clave sobre el que me apoyaré con razonable frecuencia a lo largo de este libro, diseña algo similar a una fórmula matemática en las primeras páginas de su ensayo. Según Braudy, «la fama está compuesta por cuatro elementos: una *persona* y un *logro*, su *publicidad* inmediata y lo que la *posteridad* ha pensado de este individuo desde entonces». En el momento en el que se arroja una fórmula, aunque esta tenga forma literaria, es posible realizar una medición. Por ejemplo, y siguiendo la fórmula de Braudy, a mayor publicidad, mayor nivel de fama; cuantos menos sean los años de repercusión, es decir, a menor posteridad, menos impacto tendrá un legado.

Es importante ofrecer una base razonada a la aparente espontánea explosión de un personaje público. Vivimos rodeados de grandes nombres que se integran en nuestro día a día, en nuestras rutinas y en nuestras conversaciones de la noche a la mañana, en ocasiones de forma casi literal. Si no nos planteamos qué necesidad cubre la presencia de un nuevo famoso en nuestras vidas, si no analizamos las razones objetivas por las que Jenna Ortega o Pedro Pascal salen en las pantallas de nuestros móviles cada cinco minutos, corremos el riesgo de otorgar demasiado poder, sin ser conscientes, a las estructuras que los han colocado en esos lugares de atención, y de entender los programas de televisión, los perfiles de Instagram o las galas de premios como elementos puros, en vez de verlos como partes fundamentales de un sistema de intereses. Pero no solo eso. Además corremos el riesgo de permitir que esas estructuras sean beneficiosas para personajes más dañinos. El adolescente que no entienda los riesgos que implica el uso de TikTok o el adulto que asuma que su serie favorita es solo entretenimiento, será menos resistente ante los mensajes nocivos que ese mismo canal de comunicación le ofrezca en un futuro. Si ayer, a través de mi pantalla, me explicaron cómo se puede cocinar una paella dentro de una bolsa de Doritos, este otro vídeo de Jordi Wild debe de ser igual de inofensivo. Si la semana pasada en mi programa de sobremesa favorito hablaban de vídeos de gatitos, el hecho de que hoy expliquen qué es el hipnoparto[3] no debería escandalizarme. Si en este programa con hormigas de peluche hoy sale Will Smith y mañana Santiago Abascal, ninguno debe de ser muy peligroso.

---

[3] ¿Os podéis creer que en el hipnoparto no se hipnotiza a nadie?

No pretendo crear un relato aleccionador. Detrás de esta especie de desapasionamiento hay un tipo que cree que una película puede ser solo una película, un chiste puede ser solo un chiste y una canción, sencillamente, una canción. No estoy eliminando la posibilidad humana de la desconexión, ni la idea de inocencia. Sin embargo, mis años trabajando en los medios, y sobreviviendo alrededor de sus vicios, me han otorgado un escepticismo extra que quiero transmitiros en estas páginas, entre lo preocupado y lo divertido. Porque si creemos que la fama de un individuo se corresponde con la suerte, con una carambola del destino o que se sostiene únicamente por su talento, habrá quien utilice nuestra inocencia para manipularnos.

La fórmula del mundo del arte

En *De Mona Lisa a Los Simpson*, Francesca Bonazzoli y Michele Robecchi analizan por qué las grandes obras de arte se han convertido en iconos de nuestro tiempo. Es decir, exploran de qué modo una obra de arte en concreto, y no otras de igual o aproximado valor, avanza en el imaginario colectivo hasta alcanzar una relevancia mayor, para finalmente volverse famosa. Las autoras lo describen así: «Podríamos decir que una obra de arte necesita de cuatro elementos fundamentales para ser famosa: lo que se dice, quién lo dice, cómo se dice y dónde se dice». El libro, que alude de igual manera a elementos históricos, sociológicos, psicológicos e incluso religiosos, está repleto de ejemplos que demuestran que el valor intrínseco de un objeto no es lo que le otorga, en última instancia, notoriedad.

Entre su selección, la *Venus de Milo* quizá sea una de mis favoritas. Descubierta en 1820 en la isla griega de Milos por un campesino, el momento histórico en el que tuvo lugar el hallazgo resultó idóneo para diferenciar esta estatua del resto de la amplísima escultura griega cuya existencia pasa completamente desapercibida. Como explica el libro, una serie de intercambios entre nobles de la época culminó con la obra en manos de Luis XVIII, que la donaría al Louvre, donde se expuso en 1821. «Pocos años antes, Francia había tenido que devolver a Italia muchas obras de arte, entre las que destacaba la célebre *Venus de Médici* de Cleómenes de Apolodoro, tras la derrota de Napoleón. El sentimiento de revancha que se respiraba en esa época contribuyó a que la nueva Venus fuera acogida a bombo y platillo y considerada, de inmediato, incluso superior a la restituida».

El Louvre expuso la estatua con orgullo, tanto en sus instalaciones como en las guías del museo, a pesar de las críticas de artistas e historiadores contemporáneos. El historiador Martin Robertson, contrariado ante su popularidad, dijo de ella: «Su notoriedad, que empezó a través de la propaganda, se ha perpetrado a través de la costumbre», una frase más explícita y certera que cualquier análisis que pueda ofrecer en este capítulo sobre cómo funciona el acceso a la fama. El hecho de que nadie supiese nada sobre la *Venus de Milo* también contribuyó a convertirse en un recipiente vacío que poder llenar con diversos intereses. En épocas recientes, artistas como Mary Duffy o Marc Quinn han empleado su figura para causas feministas, y empresas como Kellogg's se han servido de ella en anuncios de todo tipo. Un altar de prestigio sumado a la facilidad para obtener rédito de esa notoriedad, pocos trenes con parada en ser asquerosamente famoso alcanzan su destino con más velocidad.[4]

Mona Lisa, que Leonardo da Vinci pintó a principios del siglo XVI, es para las masas un ejemplo incontestable de obra maestra. Pero su renombre ha variado enormemente, ya que durante siglos el retrato permaneció encerrado en colecciones reales, al contrario que otros como *La última cena*, abierto al público casi desde su finalización. Junto a su donación al Louvre por Napoleón en 1804, *Mona Lisa* se convirtió en un icono gracias a su robo. Vincenzo Peruggia, encalador (un profesional que cubre las paredes con cal para blanquearlas)[5] del Louvre, robó la obra el 21 de agosto de 1911, provocando una oleada de interés mediático sobre el cuadro: fue portada en los periódicos más importantes, la gente se agolpaba para ver la pared vacía en el museo, y tanto el director del Louvre como el jefe de la policía de París tuvieron que dimitir.

Cuando la obra por fin regresó a Francia, tras haber sido hallada en Italia y despertar un fervor sin precedentes en el país, su leyenda sirvió para que la prensa europea le dedicase, de nuevo, un reforzado interés. Las décadas siguientes hicieron de *Mona Lisa* una pieza de arte mencionada en canciones, películas, novelas o campañas de publicidad. Para cuando, en los años sesenta del pasado siglo, el desarrollo tecnológico abarató los costes de reproducción de imágenes, *Mona Lisa* formó parte de ese exclusivo grupo de obras de arte que inundaría envases y cubriría regalos y objetos de todo tipo. Una explosión del panorama visual que permitió venerar de forma masiva cualquier

---

[4] Escribí esto yendo en tren a Asturias. *How amazing is life.*

[5] Esto lo añado porque yo no sabía lo que era y, oye, igual hay alguien ahí que tampoco.

imagen. De la misma manera, igual que el peregrinaje era una práctica consolidada en tiempos pasados, el abaratamiento de los costes de desplazamiento ha configurado un mundo en el que acudir a la otra punta del planeta para observar un lienzo está al alcance de una gran mayoría.

En el caso concreto del mundo del arte, nos encontramos, además, con dos elementos ajenos al valor de una obra que, sin embargo, determinan su reputación. En primer lugar, el espacio. Los museos, las salas de exposición, son el equivalente a un premeditado altar. La importancia, dentro de la misma institución, del emplazamiento de una u otra obra de arte, es clave para que el público entienda que unas son más relevantes que el resto. La artista Louise Lawler ha dedicado gran parte de su carrera a analizar los espacios que exhiben a otros artistas y los métodos que emplean para destacarlos. Para explicar (igual que hicieron antes Duchamp o Malévich) cómo una ubicación diferente cambia nuestra forma de entender el arte, Lawler ha fotografiado incansablemente museos y también ha perseguido obras maestras indiscutibles hoy en día expuestas en espacios privados: cerca de una chimenea, encima de un televisor, en unos baños, etcétera. El contraste evidencia una verdad que Lawler conoce bien: una obra de arte se encumbra gracias a las estructuras concretas que sujetan su industria. Y cuando el altar desaparece, el impacto de la obra se evapora.

Lawler comenzó su carrera en 1980, cuando la vena especulativa del mercado del arte se hacía más y más grande. El mejor y quizá más conocido caso de especulación, el otro gran elemento que dictamina la industria del arte hoy, es la relación entre Damien Hirst y los récords económicos que alcanzaron sus obras. Contado de manera rápida y sencilla: su escultura *Por el amor de Dios* (un molde de una calavera humana real incrustado con 8.601 diamantes)[6] se vendió por cincuenta millones de libras, convirtiéndola en la obra más cara creada por un artista vivo. ¿El truco? Esos cincuenta millones de libras se alcanzaron gracias a un grupo de inversores entre los que se encontraba el propio Hirst precisamente para mantener el precio de sus obras en lo más alto. De hecho, los inversores declararon que su intención era revender la calavera. Los medios endiosaron la obra, el público entendió su valor como objetivo, mientras que, en realidad, todo se trataba de una estrategia de imagen.

Lo que demuestran estos ejemplos (y muchos otros, como *El discóbolo* de Mirón, que se hizo célebre gracias a su empleo en el imaginario de los Juegos Olímpicos [¡bien!] y como capricho de Hitler para afirmar su concepto de superioridad racial [¡vaya!]) es que la objetividad acerca del valor de algo desaparece a medida que ese algo alcanza una notoriedad desmedida. Toda imagen funciona en una pequeña comunidad, pero con unas estructuras claras, repetidas, medibles y necesarias, las aspiraciones y la repercusión aumentan. A veces estas estructuras se pueden combinar, a veces basta una sola, pero sin ellas no ponen la cara de uno en una taza.

Mi fórmula y el problema con la suerte

En 1994, Charlize Theron se encontraba en una situación desesperada. Había viajado desde su Sudáfrica natal a Los Ángeles para intentar ganarse la vida como actriz después de haber

---

[6] Al parecer, el nombre fue lo que exclamó la madre de Hirst al enterarse del proyecto.

probado como bailarina y de que varias lesiones se lo impidieran. Sin embargo, su primer papel no vendría gracias a un *casting*. El hombre que la descubrió, John Crosby, estaba detrás de ella en la cola del banco cuando la futura actriz, cabreada, discutía con un empleado que no le permitía sacar su dinero. Crosby trabajaba como mánager en la ciudad y le ofreció un contrato a Theron solo por haber presenciado aquella pelea. Poco después, Charlize aparecería en su primera película.

Menciono este ejemplo para dejar claro que soy plenamente consciente de que este tipo de situaciones ocurren en los miles de casos de fama a lo largo y ancho del planeta. Reconozco la presencia de un fenómeno incontrolable que da oportunidades al ser humano sin motivo aparente y que hemos decidido denominar «suerte». Maldita sea, yo mismo protagonicé una película y estuve nominado a un Goya[7] gracias a que, un día, la directora de *casting* que me descubrió cenaba con un profesor de mi universidad que, casualmente, le recomendó ver unos vídeos tontísimos que tenía en mi canal de YouTube. Ahora bien, déjame llevarte de la mano a otras realidades y hablemos de lo que la suerte realmente significa y por qué es necesario eliminarla del todo para hablar de fama.

Making Flu$ es un libro indispensable. Es, en muchos sentidos, el libro que mejor explica este torcimiento del sistema que quiero detallar (en su caso, aplicado a la escena de la música urbana). A lo largo de sus páginas, los miembros del colectivo El Bloque detallan las razones, los pasos, las esquinas recorridas y los escollos sorteados por los artistas del trap y del

---

[7] Uy, ¿se me ha colado una referencia a mi nominación al Goya? Vaya, qué torpe, ha sido sin querer, puedes seguir leyendo.

rap patrio hasta llegar al *mainstream*, lo comercial, el éxito, la pasta. Entre sus párrafos abunda sabiduría que desgranar. En concreto, quiero centrarme en este extracto del artista negro Kunta K y el comentario posterior de Aleix Mateu, autor del capítulo «Fórmulas para el próximo hombre» del mismo libro:

> «Si eres un negro que habla claro, que hace gangsta rap revolucionario y con actitud, no podrás subir en la industria española. A pesar de que pueda parecer que esto está cambiando, jamás ha habido un artista negro, marroquí o latino en el top de este país». Un claro ejemplo de esta afirmación de Kunta K podrían ser Gente Jodida. El grupo de Orcasitas, después de hacerse con el *underground* madrileño con sus maquetas desde el 95 y de debutar discográficamente con El Meswy en *Lo más crudo*, publicaron en 2006 *A por el sobre*, un álbum grabado en Nueva York de forma improvisada. A pesar de tener un futuro prometedor por la solidez del disco, por toda la crudeza y las vivencias volcadas en él, por todo el *realness* que desprendían en su actitud y sus rimas, su nombre parece seguir sepultado bajo las calles de Madrid.

Ninguna cantidad de suerte, ni siquiera toda la que tuvo Charlize Theron en aquel el banco de Los Ángeles, serviría para conseguir que ciertos artistas puedan vivir de su música, o que la industria obsequie con igual número de facilidades a aquellos que quieren triunfar siendo capaces de adaptarse como a aquellos que quieren conseguirlo sin ceder ni un milímetro en sus principios, en su integridad. La suerte no cambia un sistema que favorece lo normativo. Las coincidencias y el destino no sirven para ciertos artistas según sea su color de piel, su orientación sexual o su lugar de origen. Menos aún si esos artistas se resisten a convertirse en vallas publicitarias y alejan su discurso de lo esperado, convirtiéndose en figuras problemáticas en vez de contentarse con pasar desapercibidos. En (irónicamente) palabras de la protagonista de *Mad Max: Fury Road*: «Eres tan grande como las oportunidades que te han dado».

Así, teniendo en cuenta que la suerte solo embarra, que es una excusa que muchos ponen para justificar la ausencia de una industria o los defectos de un sistema, que es un cubo repleto de monedas doradas al final de un arcoíris de promesas vacías, prefiero dejarla a un lado.

Llegados a este punto, me atrevo a arrojar una fórmula personal, que cobrará más sentido a medida que el libro avance. Sería esta:

$$(\text{apoyos} + \text{recursos}) \times \text{intereses} = \text{fama}$$

El problema con el deporte y el esfuerzo

Hablemos de Rafa Nadal. Cuando comentaba con mi madre la idea para este libro,[8] saltó con ese ejemplo. Me mencionó al tenista como paradigma de una fama objetiva, imposible de relacionar con oscuras intenciones de empresas o con silenciosos intereses monetarios. Era un famoso forjado solo con su esfuerzo: el muchacho un día se puso a darle a la raqueta, entrenó más que el resto, se puso *tochísimo* y, ¡pam!, a ganar torneos.

---

[8] Creo que le dije algo así como: «Estoy intentando demostrar que la fama siempre es fruto de terceros y nunca es resultado directo del esfuerzo personal», porque desde hace años, cuando voy a mi casa, me pongo intenso todo el rato. Y cuando no estoy en casa, también.

A medida que acumulaba títulos, y según el proceso mental que realizó mi madre (que muchos de nosotros ejecutaríamos de forma inconsciente), las cámaras se fijaron en él. ¿Qué tenía yo en contra de Rafa Nadal? ¿Cómo podía yo enfrentarme al hombre que más había hecho por el deporte español? ¡Qué demonios, por el deporte español...! ¡Por España! ¡Envidia! ¡Celos! ¡Comunista![9]

Es importante recalcar algo que, me temo, puede confundirse mientras desarrollo mis teorías en este libro, y que, intuyo, fue lo que escandalizó a mi madre. En ningún lugar de este ensayo nadie podrá encontrar una sola línea en contra de la evidente recompensa de un esfuerzo constante. La insistencia trae consigo éxitos, esto es evidente. Ahora bien, la fama, el ser un personaje conocido, incluso célebre, ese es otro juego que intento destripar aquí y que, a mi entender, no tiene nada que ver con el talento, la entrega o el sacrificio. Una persona se hace famosa gracias, como dictamina nuestra fórmula, a apoyos recibidos, intereses ante su ascenso y recursos previos. Dicho esto, analicemos las razones por las que conocemos a Rafa Nadal.

En primer lugar, el chico juega a tenis. El tenis es un deporte que, aunque tenga origen francés, e incluso vasco, se popularizó en Inglaterra. De allí viajó a Estados Unidos. Los deportes con mayor visibilidad y con mejores índices de seguimiento en el mundo han sido siempre aquellos aplaudidos por la cultura anglosajona. Su pasado colonial fue clave para difundir estas opciones de ocio y consolidar sus estilos de juego como la norma universal. Los británicos fueron, además, los inventores del cortacésped, un utensilio que permitió acelerar los cui-

---

[9] Tampoco recuerdo que se pusiese así. Mi madre es muy maja.

dados de sus campos para el juego, convirtiéndolos en la primera sociedad con acceso a hierba bien cortadita.

Hay muchos otros motivos por los que el tenis es un deporte popular que demuestran cómo, pese a que pudiésemos tener grandes nombres en otros deportes como el piragüismo o la petanca, sus protagonistas contarían con barreras económicas, sociales o políticas que les impedirían alcanzar la fama que ofrece el tenis a sus campeones. Por ejemplo, su diseño, destinado a clases sociales altas. Hasta ahora, cuando se están haciendo pequeños esfuerzos por democratizar el deporte, ser capaz de jugar al tenis a un gran nivel implicaba un desembolso económico impensable para familias de clase humilde.

El tenis no oculta su buena relación con el lujo. Ganar un torneo como Wimbledon proporciona millones de euros al afortunado, pero las ganancias por publicidad son igual de cuantiosas. Rolex es patrocinador oficial, sus gradas —cada vez hay menos, pues se sustituyen por palcos— rebosan de famosos vestidos a la última moda y autoridades políticas que se dejan caer para la ocasión. El dinero y la atención siempre se dan la mano. La cobertura mediática del tenis ya asegura la notoriedad de cualquier número uno que corra por sus pistas con gran diferencia respecto a otros juegos. De hecho, el despliegue informativo alrededor de un deporte favorece algo tan simple como que el mundo entero pueda entender sus reglas, aficionarse a sus retransmisiones o querer practicarlo.

En algunos casos, los torneos alimentan su relevancia gracias al impacto mediático de las estrellas que deben participar en ellos por contrato y, en otros, son estos tenistas los que necesitan presentarse a ciertos torneos para adquirir puntos y prestigio. Las ciudades compiten con ingentes sumas de dinero y esfuerzos de logística para poder alojar un *Master 1000*, uno de los nueve torneos más importantes en el tenis, justo por debajo de los *Grand Slams*. Emiratos Árabes Unidos se ha convertido en el nuevo gran adversario, junto a sus millonarios vecinos, en la puja por acoger este tipo de celebraciones deportivas. No es casualidad que el primer mundo tenga, a su vez, las mejores plazas y los mejores maestros. Como he mencionado antes, el acceso alimenta la práctica.

La influencia de los medios, de la exposición, en la gloria de un deporte es innegable. Según informaba la periodista Olga Viza en el programa *El Larguero* de la Cadena SER: «Poco después de la medalla olímpica de Lydia Valentín, las fichas de mujeres, en un deporte tan pequeño como la halterofilia, se multiplicaron un 130%». Y añadía: «Imagínate lo que pasará con el fútbol» (por entonces se encontraba retransmitiendo la final del Mundial femenino de fútbol). No hace falta imaginarlo: el número de licencias deportivas de mujeres en la Real Federación Española de Fútbol (RFEF) han aumentado más de un 55% entre los años 2014 y 2023. Según fuentes de la Federación, en 2023 se alcanzaron las 100.000 licencias federativas en la categoría femenina. En 2014 había 44.873. Hay quien diría que la mayor recompensa de ganar un Mundial no es el trofeo, sino la cobertura.

Precisamente sobre deporte femenino hablaba Rafa Nadal en una entrevista reciente con Ana Pastor, para el programa *El Objetivo*, de La Sexta. «La inversión, para mí, debe ser la misma para hombres y mujeres», aseveraba el tenista. «Las oportunidades, las mismas. Y los sueldos. ¿Los mismos? No. Yo quiero que las mujeres ganen más que los hombres si generan más. Si Serena Williams genera más que yo, quiero que Serena gane más que yo. Si llena los estadios y genera más, pues yo no quiero que yo, por ser Rafa Nadal, gane más que ella». Esta idea de equiparación salarial según rendimiento nace de la asunción de que hombres y mujeres parten con igualdad de posibilidades, cuando es fácil comprobar que, al menos en deporte y en términos de promoción, no existe una igualdad. No puede Nadal esperar que una tenista llene estadios si parte de una situación de desventaja promocional con un compañero. El tenis masculino, al igual que el baloncesto o el fútbol masculinos, lleva décadas entreteniendo a generaciones, creando vínculos emocionales con padres y abuelos y asentándose en medios de comunicación. No se puede competir con eso, no importa lo bien que le des a la raqueta.

Rafa Nadal tiene, además, una personalidad concreta. Su discreción es buscada, su reserva a ofrecer al público su vida privada es consciente, su diferenciación es llamativa. Sus opiniones políticas son conocidas y generan controversia, pero la ostentación brilla por su ausencia. Otra personalidad le podría proporcionar una mayor fama: Cristiano Ronaldo tiene, igual que Rafa Nadal, jets privados y yates; sin embargo, el primero hace ostentación y eso le lleva a ser el ser humano mejor pagado por un post en Instagram, pues cuenta con varios millones de seguidores más que el tenista mallorquín. Parece evidente que los logros de Rafa Nadal como deportista individual frente a los logros de Cristiano Ronaldo son mayores. Aun así, es fácil comprobar que la fama del segundo es superior. Porque, además de talento, CR7 practica un deporte que reúne una atención mediática superior y su vida privada es objeto de constantes reportajes.

La imagen de Rafa Nadal ha sido, asimismo, construida, como les ha ocurrido a muchos otros tenistas antes y después de él. Para aumentar su impacto, sus códigos visuales, y convertirlo en un referente para el público, marcas como Nike construyeron a su alrededor una mitología estética, compuesta por pantalones pirata, cinta del pelo para sujetar las greñas y camisetas sin mangas. Potenciaron los atributos que venían de serie para oponerlo a la rigidez de otros deportistas, como Roger Federer, representación del clasicismo tenístico más absoluto. Andre Agassi es otro gran ejemplo de estética célebre (protagonizó un anuncio para Kodak que rezaba: «La imagen lo es todo»), de cómo un deportista construye su fama gracias al éxito, pero principalmente a través del tipo de deporte que practique y de su personalidad. En *Open*, el libro de sus memorias, reflexiona sobre la fama y la describe como una fuerza imparable, poco emocionante y prosaica. Define a los famosos como personas confundidas, inseguras y que con frecuencia no soportan lo que hacen.

Por supuesto, esas reflexiones no las ha escrito Agassi, sino J. R. Moehringer, uno de los mejores escritores vivos, porque para construir el relato de un ser humano, para añadir narrativa a sus vivencias, se necesita un gran contador de historias. El logro es innegable, la fama es construida, el relato es una colaboración entre ambas fuerzas. Como explica el propio Moehringer:

> La colaboración era tan estrecha, tan sincronizada, que habría que referirse a la voz final de la memoria como un híbrido, aunque fuese todo Andre. Esa es la paradoja mística del *ghostwriting*, te conviertes en inherente mientras estás ausente; eres vital e invisible. Cogiendo prestada una frase de William Gass, eres el aire en la trompeta de otro.

Con todo esto en mente, estoy mucho mejor preparado para explicarle a mi madre que, aunque los logros individuales de

Rafa Nadal son innegables, mi fórmula se sigue aplicando. Nadal es, sin duda, más famoso gracias a unos recursos determinados, aquellos con los que su familia contaba para poder pagar su educación deportiva y aquellos privilegios que provienen de ser un hombre blanco en el primer mundo. Pero también con unos apoyos, que a lo largo de su carrera han depositado en él, y sus logros, su confianza y su saber hacer, modificando o potenciando su imagen. Y, por último, Nadal se ha beneficiado de intereses económicos. Los del mundo del tenis, ansiosos por ver aparecer nuevas estrellas que legitimen su negocio multimillonario atrayendo masas de público; los de las marcas, que han obtenido beneficios gracias a su asociación, y los de un mercado que favorece el individualismo capitalizable, los referentes explotables.

A QUIÉN DEBES AGRADECÉRSELO TODO

Decía el escritor francés Francisco de La Rochefoucauld que «solo elogiamos para ser elogiados». Sin embargo, no es habitual que los famosos evidencien la deuda que tienen con aquellos a los que deben su fama. Parte de la ilusión de su éxito consiste en no ir por ahí mencionando sin parar la auténtica y mundana razón por la que están triunfando: sus contactos. Mejor hablar de esfuerzo y sacrificio. Así, ¿quizá por recelo?, la industria construye, un puñado de veces al año, citas en las que cobrar la reciprocidad del elogio. Días en los que congratularse por lo bien que han funcionado sus planes. Se llaman «galas de premios» y en ellas los famosos, trofeo en mano, pueden mencionar los nombres propios que los han situado en ese escenario, sosteniendo figuritas brillantes, frente al resto de los compañeros de profesión. Si bien hay carreras cuya máxima aspiración consiste en ocupar precisamente ese escenario, otras[10] solo pueden aspirar a ser indispensables para el premiado, de tal manera que se les haga referencia en su discurso.

Cada industria tiene su gala por excelencia, en la que se evidencian los tejemanejes de sus estrellas. Por ejemplo, estos son los cinco últimos años de agradecimientos en las cuatro categorías más importantes de los Oscar:

OSCAR	PELÍCULA	DIRECTOR	ACTOR	ACTRIZ
2023	*Todo a la vez en todas partes* **Daniel Kwan, Daniel Scheinert** **Jonathan Wang** A24	**Daniel Kwan, Daniel Scheinert** (por *Todo a la vez en todas partes*)	**Brendan Fraser** (por *La ballena*) A24 Darren Aronofsky JoAnne Colonna: mánager (mánager también de estrellas como Elijah Wood, Eva Longoria o Forest Whitaker) Jennifer Plante: publicista Samuel D. Hunter: autor de la obra teatral que inspiró la película	**Michelle Yeoh** (por *Todo a la vez en todas partes*) Los Daniels: directores A24
2022	*CODA* **Philippe Rousselet, Fabrice Gianfermi, Patrick Wachsberger** Sian Heder: directora Éric Lartigau: director de la película original francesa Vendôme Pictures (productora) Terry Semel: Mentor (CEO de Yahoo) Apple Tv	**Jane Campion** (por *El poder del perro*) Productores: Tanya Seghatchian, Emile Sherman, Iain Canning y Roger Frappier Kate Richter: representante en HLA Management (una de las mayores agencias de representación de talentos de Australia) Netflix Thomas Savage: autor del libro en el que está basada la película	**Will Smith** (por *El método Williams*)	**Jessica Chastain** (por *Los ojos de Tammy Faye*) Hylda Queally (agente de talentos) Nicole Perna (publicista) Steve Warren (abogado) Michael Showalter: director Kelly Carmichael, Rachel Shane, Gigi Pritzker: productores David Greenbaum, Matthew Greenfield: Searchlight

[10] Los padres, los representantes a los que no puedes despedir.

OSCAR	PELÍCULA	DIRECTOR	ACTOR	ACTRIZ
2021	*Nomadland* Frances McDormand, Peter Spears, Mollye Asher, Dan Janvey, Chloé Zhao Searchlight Jessica Bruder: autora del libro en el que se inspira la película	Chloé Zhao (por *Nomadland*) Nomadland Company	Anthony Hopkins (por *El padre*) *No fue a recogerlo*	Frances McDormand (por *Nomadland*) *Nada*
2020	*Parásitos* Miky Lee, vicepresidenta de CJ Group (conglomerado de empresas surcoreano) Y Kwak Sin ae, productora Lee Jay-hyun: presidente del grupo CJ y hermano de Miky Lee Bong Joon Ho: director	Bong Joon Ho (por *Parásitos*) Martin Scorsese Quentin Tarantino *En otros discursos:* Distribuidoras: Barunson y NEON Productores: CJ Group Industria surcoreana: Chungmu-ro	Joaquin Phoenix (por *Joker*) *Nada*	Renée Zellweger (por *Judy*) David Livingstone y Cameron McCracken: productores Rupert Goold: director Equipo estilistas/entrenadores: Matt, Anna, Geoff Eric Vetro: *coach* de voz Agencia de representación CAA: Peter, Bryan y Kevin Agencia de representación imPRint: Nicole y Dom Nanci Ryder: publicista John Carrabino: mánager
2019	*Green Book* Jim Burke, Charles B. Wessler, Brian Hayes Currie, Peter Farrelly, Nick Vallelonga Productora: Participant Media Estudio: Universal Productora: Lionsgate Productora/distribuidora: eOne Cinetic: empresa de representación, ventas y consultora estratégica Angellotti: empresa de relaciones públicas	Alfonso Cuarón (por *Roma*) Productores: Gabriela Rodríguez y Nicolás Celis David Linde y Jonathan King: Participant Media Ted Sarandos, Scott Stuber y Julie Fontaine: Netflix Kelly Bush y BeBe Lerner: productores en ID Guillermo del Toro, Alejandro González Iñárritu Henry Holmes: abogado y representante	Rami Malek (por *Bohemian Rapsody*) Graham King, Denis O'Sullivan: Fox (estudio) y New Regency (productora)	Olivia Colman (por *La favorita*) Lindy King: representante Olive Homan: representante Hildy Gottlieb: productora Bryna Rifkin: publicista Fox: estudio

En la tabla no están incluidos ciertos aspectos comunes, fórmulas habituales como el casi obligado «Thank you to the Academy» o el «Gracias al reparto y al equipo», pues tienen más de inercia que de agradecimiento real. Ni siquiera los nombres incluidos como inspiración. En 2019, cuando Peter Farrelly agradeció el Oscar al mejor guion original por *Green Book*, mencionó un puñado de nombres, como Bill Kerby, Cordo Wilford o Steven Spielberg, que tenían más que ver con una admiración personal que con cualquier involucración directa en la película. Cuando Fernando Trueba recogió el Oscar por *Belle Époque* y se lo agradeció tres veces a Billy Wilder, lo hizo desde el homenaje, pero sin tener una vinculación profesional con él. En cambio, cuando Bong Jon Hoo, director de *Parásitos,* nombró a Tarantino, sí le estaba agradeciendo la visibilidad que este le había ofrecido a lo largo de los años, pues facilitó la entrada de sus películas en Estados Unidos. Es decir, lo que ocupa cada casilla de esta tabla es una recopilación de los nombres propios que sí han tenido impacto directo en la carrera de los ganadores.

Hay varias conclusiones que arroja este experimento. La primera es que existen dos grandes tipos de discursos: por un lado, los que se convierten en una recopilación de nombres y, por otro, los que tienen, digamos, un carácter más político. Los premios a mejor película suelen incluirse en la primera categoría, y se debe a una sencilla razón: quienes recogen el Oscar a mejor largometraje no son los artistas que han confeccionado la obra, sino los productores que la han armado, financiado y gestionado. Sus deudas son mucho más claras y sus relaciones laborales, mucho más importantes de evidenciar que cualquier reivindicación, chiste o saludo a familiares que deseen efectuar.

No hay una fantasía que sostener, no son famosos. Por eso no hay discursos memorables en esa categoría, sino que suelen ser los intérpretes los que tienden a emocionarnos: rara vez mencionarán a una distribuidora (empresa encargada de conectar a una película con el público) o a un exhibidor (salas de cine) o a un socio comercial extranjero, porque no han tenido mucha relación con estos apartados. Hay excepciones, por supuesto. Muchos de los discursos se confeccionan *a priori*, entreviendo cuáles pueden ser las categorías en las que una película salga premiada. Así, si Jane Campion intuía en 2022 que el reconocimiento más mediático que obtendría su película *El poder del perro* sería el de mejor directora, es lógico que preparase más agradecimientos concretos en sus palabras, puesto que luego no podrían efectuarse. Las películas que se llevan cinco o seis de las estatuillas más importantes pueden llegar a mejor película y ser más creativas.

Todo es una mezcla de compromisos e imagen, aderezado con la personalidad del premiado y el tamaño del proyecto. Frances McDormand puede recoger el galardón a mejor actriz, soltar un chiste e irse. No tiene muchas obligaciones a las que rendir tributo (*Nomadland* es un proyecto pequeño que ella misma produce), su personaje público suele ser reivindicativo y *outsider* y ya en 2017, al ganar el Oscar a mejor actriz por *Tres anuncios a las afueras*, había protagonizado un gran momento político al pedir a todas las mujeres de la sala que se pusiesen en pie. Lo mismo ocurre con Joaquin Phoenix: su forma de ser está por encima de todo. En sus minutos de gloria antepone ideología y rendimiento personal a cualquier relación laboral concreta. También es importante advertir que los Oscar son la última gran noche del cine estadounidense: Phoenix llevaba varias galas (los Bafta, el Sindicato de Actores, etcétera) recibiendo galardones frente a los mismos individuos y aprovechando esas situaciones para realizar otro tipo de homilías, con agradecimientos más concretos. El contenido de un *speech* en los Oscar también depende de lo liberado que uno llegue. Jessica Chastain o Renée Zellweger son el ejemplo opuesto de esta tendencia. Aunque ambas incluyan un cierre poético, social o más elevado, su estilo y su carrera son menos libres que los de McDormand o Phoenix. Mencionan a estilistas, representantes, abogados, publicistas, profesores de interpretación. Zellweger lleva veinticinco años trabajando con prácticamente el mismo equipo. Y Chastain dijo, directamente, que sin su equipo «no tendría una carrera».[11]

Que un discurso no mencione a nadie no quiere decir que no le deba nada a nadie, sino que tiene otro estilo, busca otro impacto. A24 es una empresa que nació como distribuidora para pasar a ser estudio. Su estrategia es mucho menos personalista que la de otras corporaciones. Prefiere pasar un poco desapercibida y dejar que sus películas asciendan mediáticamente gracias a su contenido, a la voz de sus artistas o a la estética que los rodea. Así, aunque su largometraje *Todo a la vez en todas partes* tenga dueños claros, igual que cualquier otro filme nominado (entre sus productores se encuentran los hermanos Russo, responsables de varios *blockbusters* en Marvel), la impresión que ofrecen sus discursos es otra. Parece una obra de arte, más libre. Los Daniels, sus directores, pueden hablar de las madres del mundo o visibilizar las condiciones injustas que

---

[11] Luego está Anthony Hopkins, que directamente ni fue. Que era el año de la pandemia, vale, pero que es un señor mayor que solo quiere bailar, comer caramelos Werther's y que le dejen en paz, pues también.

padece el colectivo LGTBIQ+. En próximos años veremos más y más esta tendencia, el agradecimiento dejará de ser tan vital y se convertirá en un secreto.[12]

GOYA	PELÍCULA	DIRECTOR	ACTOR	ACTRIZ
2023	*As bestas* **Anne-Laure Labadie, Eduardo Villanueva, Ibon Cormenzana, Ignasi Estapé, Jean Labadie, Nacho Lavilla, Rodrigo Sorogoyen, Sandra Tapia, Thomas Pibarot** TVE Movistar ICAA A Contracorriente (distribuidora) ICEC Le Pacte (distribuidora, productora y agencia de ventas francesa) Latido (agencia de ventas) Arcadia (productora y agencia de inversión) Caballo (productora) Consejería de Cultura de la Comunidad de Madrid	**Rodrigo Sorogoyen** (por *As bestas*) Mismos agradecimientos que para la película + Noodles (productora)	**Denis Menochet** (por *As bestas*) Isabel Peña (guionista) y Rodrigo Sorogoyen (director)	**Laia Costa** (por *Cinco lobitos*) Alauda Ruiz de Azúa (directora) Equipo Productores A mi tribu
2022	*El buen patrón* **Fernando León de Aranoa, Jaume Roures y Javier Méndez** Reposado Producciones Cinematográficas, Básculas Blanco, A.I.E, Mediaproducción, S.L.U. Mediapro (productora) Reposado (productora)	**León de Aranoa** (por *El buen patrón*)	**Javier Bardem** (por *El buen patrón*) Juan Carlos Coraza (profesor)	**Blanca Portillo** (por *Maixabel*) Productores Isa Campo Icíar Bollaín

---

[12] No es este un libro sobre cómo dar un buen discurso, pero me gustaría mencionar el que probablemente sea uno de los peores. Hay un acuerdo unánime en que Jennifer Connelly mandó al garete parte de su carrera cuando recogió el Oscar a mejor actriz de reparto por *Una mente maravillosa* en 2002. Sacó un papel y comenzó a leerlo con el tono y las ganas de un niño que lee una redacción sobre el clima en clase. Mantuvo la mirada baja en todo momento y la emoción brillaba por su ausencia. Si algún día te dan un Oscar, que se note que te hace ilusión.

GOYA	PELÍCULA	DIRECTOR	ACTOR	ACTRIZ
2021	*Las niñas* **Las Niñas Majicas, A.I.E., Inicia Films, S.L., Bteam Prods., S.L.** Alex Lafuente de BTEAM (distribuidora) Pilar Palomero (directora) Maite y Fernando de TVE Lara y María de Movistar Oriol y Cruz de TV3 Jaime y Teresa de Televisión de Aragón ICAA ICEC Inicia Films (productora)	**Salvador Calvo (por *Adú*)** Paolo Basile (ex director ejecutivo de Mediaset España Comunicación, S.A.) Pedro Costa	**Mario Casas (por *No matarás*)** Gerard Oms (*coach*) + equipo de la película	**Patricia López Arnaiz (por *Ane*)** Director Guionista Katixa Silva (productora) Latido (agencia de ventas) Festival de Málaga Festival de Donosti Amania Films (productora) Syldavia (distribuidora) Loinaz (representantes) Iker Ortiz de Zárate (profesor) Eva Leira y Yolanda Serrano (directoras de *casting*)
2020	*Dolor y gloria* **El Primer Deseo, A.I.E., El Deseo D.A. S.L.U.** **Esther García, Agustín Almodóvar** Teresa Font, José Salcedo, Alcaine	**Pedro Almodóvar (por *Dolor y gloria*)** «Todos concentrados en este premio»	**Antonio Banderas (por *Dolor y gloria*)** Pedro Almodóvar («Cuatro décadas, ocho películas juntos»)	**Belén Cuesta (por *La trinchera infinita*)** Olmo y Xavi (productores) Directores Antonio de la Torre Elena y Juantxu (representantes) Carmen Rico (*coach*)
2019	*Campeones* **Rey de Babia, A.I.E., Morena Films, Películas Pendelton, Telefónica Studios, S.L.U.** Ministerio de Cultura, TVE, Telefónica, ICAA, Latido Pendelton (productora, fundada en 1992 por Javier Fesser y Luis Manso) Universal Morena	**Rodrigo Sorogoyen (por *El reino*)** Tornasol (producción) Atresmedia (producción) Warner (estudio) Alex de Pablo (director de fotografía)	**Antonio de la Torre (por *El reino*)** Andalucía, equipo de *El reino*, familia	**Susi Sánchez (por *La enfermedad del domingo*)** Ramón Salazar (director) Netflix Ellas Comunicación (agencia de comunicación) Caramel Films (distribuidora) Kuranda (agencia de actores) On Cinema (productora) Zeta Zinema (Paco Ramos Iñaki Juridisti) (productora) Consuelo Trujillo (maestra) Equipo

Los Goya arrojan resultados similares a los Oscar (más libertad y poesía en los intérpretes, más institucionalismo en los productores), pero hay singularidades llamativas, empezando por el
ICAA, un organismo que aparece en cada gala. El Instituto de
la Cinematografía y de las Artes Audiovisuales es el encargado
de repartir las ayudas a la producción cinematográfica en nuestro
país. Igualmente, suelen aparecer menciones a otras entidades
públicas que también reparten subvenciones, como el ICEC
(Institut Català de les Empreses Culturals) o la Consejería de
Cultura de la Comunidad de Madrid. Estados Unidos también
reparte dinero público entre sus producciones (el estado de California entrega millones de dólares cada año en créditos fiscales),
pero estos compromisos se mencionan en menos ocasiones. Las
razones van desde el concepto de individualismo que tienen las
sociedades protestantes hasta el simple hecho de que allí los
proyectos son tan grandes que muy probablemente aprovechen
deducciones fiscales de varios estados o incluso de varios países,
pasando porque la relación de Estados Unidos con lo público no
es tan fuerte como la que tenemos en España.

Existen otros pequeños matices que nos diferencian de Estados Unidos. Como en España, ambas son industrias de marcado carácter progresista, pero en nuestras galas asiste una representación institucional que allí se ve muy raramente. Este
detalle facilita que surjan momentos como el de Almodóvar
en 2020, cuando se dirigió al presidente del Gobierno para
advertirle de las dificultades por las que pasaba (y sigue pasando) nuestro cine. Almodóvar es otro claro ejemplo de no pro-
digarse en agradecimientos. Sus discursos son más libres, y
pueden serlo gracias a su personalidad (es un artista), a su importancia y a que, de alguna manera, se produce a sí mismo a

través de El Deseo, productora que fundó en 1985 junto a su hermano, Agustín Almodóvar, y que ha sido responsable de todos los títulos de su filmografía reciente. Hay quien diría, escuchando discursos como el de Blanca Portillo en 2022, al referirse al equipo de la película *Maixabel* como «gente luchadora», que cuando alguien agradece en España lo hace por el esfuerzo llevado a cabo, mientras que cuando lo hacen en Hollywood se refieren a la oportunidad ofrecida. Parece que sacar una película en nuestro país es sinónimo de travesía por el desierto, mientras que hacerlo en Estados Unidos equivale a un viaje enriquecedor. En cualquier caso, otras muchas cosas son parecidas. Sin ir más lejos, nuestras actrices, Patricia López Arnaiz y Susi Sánchez pueden ser perfectamente nuestras Jessica Chastain y Renée Zellweger: sus discursos son largas listas de reverencias a profesores, representantes, productores o directores de *casting*.

He querido hacer también un repaso por los últimos años de los dos galardones más prestigiosos que se otorgan a las producciones televisivas de nuestro país y de Estados Unidos. Los Ondas y los Emmy:

ONDAS	MEJOR PROGRAMA DE ENTRETENIMIENTO	MEJOR PROGRAMA DE ACTUALIDAD	MEJOR PRESENTADOR	MEJOR PRESENTADORA
2023	*Kings League* Kosmos Patrocinadores	*Informe semanal* **Ana Blanco (presentadora), Pep Vilar (responsable de Informativos) y Pablo Ramírez (subdirector)** RTVE	**Carlos del Amor** RTVE Directores de Informativos de TVE	**Silvia Intxaurrondo** RTVE Esteban Pérez Sánchez (coordinador de Política) Pep Vilar (responsable de Informativos) Elena Sánchez (directora) José Pablo López (directo de contenidos generales en RTVE)

ONDAS	MEJOR PROGRAMA DE ENTRETENIMIENTO	MEJOR PROGRAMA DE ACTUALIDAD	MEJOR PRESENTADOR	MEJOR PRESENTADORA
2022	*Saber y ganar* Anaïs y Abigail Schaaff, hijas del creador del programa, Sergi Schaaff Jordi Hurtado Uriol Nolis (director de RTVE Cataluña) Urbana Gil (directora de Cultura y Sociedad de RTVE) Equipo, productora Quart (Sergi Schaaff), TVE	**Cobertura de RNE de la guerra de Ucrania** Fran Sevilla (periodista), Mamen del Cerro (directora de Informativos), Aurora Moreno y María Álvarez (Área Internacional)	Andreu Buenafuente	*No había*
2021	**Playz** **Alberto Fernández (director y fundador de Playz), Inés Hernand** Fran Llorente (Proyectos y Estrategias Corporativas y director de RTVE Play)	**Cobertura del campeonato de fútbol EURO2020 de Mediaset España** JJ Santos y Manu Carreño (directores de Deportes de Mediaset) Mediaset	Roberto Leal	*No había*

PRIMETIME EMMYS	MEJOR PROGRAMA GUIONIZADO	MEJOR PROGRAMA HABLADO
2022	*Saturday Night Live* **Lorne Michaels**	*Last Week Tonight with John Oliver* Liz Stanton (productora), Tim Carvell (productor), HBO
2021	*Saturday Night Live* **Lorne Michaels**	*Last Week Tonight with John Oliver* HBO (Nina Rosenstain Executive VP, Casey Bloys CEO) Tim Carvell y Liz Stanton
2020	*Saturday Night Live* **Lorne Michaels**	*Last Week Tonight with John Oliver* Tim Carvell y Liz Stanton HBO

DAYTIME EMMYS	MEJOR PRESENTADOR DE ENTRETENIMIENTO	MEJOR PROGRAMA DE NOTICIAS
2022	**Kelly Clarkson**	**Tamron Hall**
2021	**Kelly Clarkson**	**Larry King**
2020	**Kelly Clarkson**	**Tamron Hall**

La selección es más reducida, principalmente porque las diferencias con las nominaciones son extraordinarias. Los Emmy tienen un millón[13] de categorías; tantas, que celebran varias galas o se dividen entre Primetime Emmys (para el contenido que se emite en horario de tarde/nocturno) y Daytime Emmys (para el contenido matinal/de mediodía). La especificidad de las categorías es tan ridícula que el programa *Saturday Night Live* participa en una que es prácticamente para ellos: «Outstanding Scripted Variety Series», algo así como «mejor programa de variedades guionizado», para separarlo del «mejor programa hablado», que haría referencia a los *talk shows* o programas de entrevistas que pueblan la parrilla del país.[14] En 2023 se decidió que *Last Week Tonigh* participase también como guionizado, no como *talk show*, así que, después de haber ganado las seis últimas ediciones, quizá deban preocuparse.

Por lo demás, los discursos se siguen pareciendo en gran medida. Importantes nombres de cadenas que tienen ciertas categorías completamente bloqueadas. Discursos más institucionales como el de Silvia Intxaurrondo conviven con alegatos más comprometidos, como el de Inés Hernand. En esta maraña de intereses es interesante cerrar con lo que Andreu Buenafuente dijo sobre la exposición en 2022 (también sin grandes

---

[13] Creo que un megatrillón es la cifra oficial.

[14] Es irónico que la industria entienda los *late nights* como programas menos guionizados que aquellos compuestos por *sketches*. Las entrevistas del *Tonigh Show*, *The Late Show* con Stephen Colbert o *Jimmy Kimmel Show* están, en muchas ocasiones, tan pactadas o preparadas como un gag de *Saturday Night Live*. Los cómicos cuentan anécdotas aparentemente espontáneas que, en realidad, son parte de sus espectáculos en teatros. Úrsula Corberó aseguraba en *La Script*, el programa de María Guerra, que tuvo que pasar por una prueba para acudir como invitada al programa de Jimmy Fallon. Un *book talent* contratado por el programa le hizo una entrevista previa con la que poder dictaminar si estaba preparada para salir en antena.

agradecimientos, porque poca gente hay más arriba que Andreu
Buenafuente):

> Lo que voy a contar es real. Este sábado estaba yo con una
> persona. Iba a decir que «amigo», pero muy amigo no es. Co-
> nocido. Y me dice: «Así que te has jubilado». Digo: «¿Perdona?
> Hostia, ¿tan mal me ves?». «No, tío, pensaba que te habías ju-
> bilado, al no tener ya programa de tele, y que hacías la radio
> por *hobby*». Sí, parece una tontería. Y lo es. Pero me parece que
> definió exactamente la fama. Provisional, caprichosa. Cuando
> sales, parece que estás ahí; cuando no: «¿Qué pasa?, ¿te has
> *jubilao*?». Eso es lo que no me gusta mucho. Lo que a mí me
> gusta es el oficio.

Un testimonio más que se suma al equipo de los que saben
que la fama depende exclusivamente del grado de exhibición.

Objetividad patrocinada

Para desmontar, desde otro ángulo, la objetividad de los medios
con la que comulgamos como espectadores, es interesante
analizar de qué modo, sobre todo en Estados Unidos, las televisiones viven absolutamente esclavizadas por la publicidad.
Se hacen locuras, se saltan todos los códigos, para recibir li-
mosnas de empresas. Hay un caso que me gusta mucho e
ilustra a la perfección la situación que vive el país al respecto.
John Oliver dedicó, en 2021, un episodio de su programa *Last
Week Tonight* a la relación entre la información y la publicidad;
más concretamente, entre las noticias locales y el contenido

esponsorizado. En su desarrollo, Oliver justificaba cómo, para el público estadounidense, cada día resulta más difícil distinguir entre un dato y un anuncio. Las empresas han comprado su presencia en todas las emisiones locales. Las emisoras, conocedoras de los beneficios, diseñan sus programas con fragmentos dedicados en exclusiva al contenido publicitario y permiten prácticas como desarrollar entrevistas supuestamente objetivas con los responsables de una marca en las que tanto las preguntas como las respuestas han sido pactadas de antemano. Para demostrar la ausencia total de credibilidad de sus telediarios, el equipo de *Last Week Tonight* desarrolló un utensilio pseudomedicinal llamado Venus Veil: una manta carente de propiedades curativas, con bondades basadas en una tecnología inexistente que presentaron al público con una actriz contratada por el programa. Pagando unas cantidades irrisorias (entre mil setecientos y tres mil dólares) consiguieron entrevistas promocionales en segmentos de máxima audiencia donde, con la colaboración absoluta de supuestos periodistas especializados, pudieron lanzar chorradas al aire sin control alguno, hacer pasar la manta por un auténtico producto medicinal y hablar de electromagnetismo y tonterías varias sin que nadie les parase los pies.

Los ejemplos de publicidad encubierta en nuestra televisión son sin duda menores. Algunos casos recientes de multas emitidas por la Comisión Nacional de Mercados y Competencia incluyen a TVE y La Sexta. La primera fue acusada a principios de 2022 de haber permitido publicidad de Amelicious, una marca propiedad de una exconcursante de *Masterchef* cuando esta acudió como invitada a la edición *celebrity* del mismo programa. Por su parte, La Sexta, en su apartado de Noticias, y

según la comisión, emitió publicidad de la aplicación móvil
Laguinda, dedicada al juego y a las loterías. Las multas pagadas
fueron, respectivamente, de 125.581 euros y 185.585 euros. En
comparación con lo que ocurre cada día en Estados Unidos,
minucias.

Es cierto que varios programas de entretenimiento de nuestro país cuentan con espacios en los que sus propios colaboradores o presentadores anuncian, en el mismo plató y a modo
de intermedio, productos de todo tipo. Pero gracias a la Ley
General de la Comunicación Audiovisual de 2010, los programas informativos y de investigación tienen prohibido estar
patrocinados, lo que nos protege enormemente como espectadores. Además, en aquellos programas que sí pueden ser patrocinados, los espacios de publicidad deben entrar, si superan los
diez segundos, dentro del límite de los doce minutos por hora
que tienen todas las cadenas para emitir publicidad. La ley
también regula la autopromoción y la publicidad en retransmisiones deportivas.

Pese a todo, el lenguaje audiovisual patrio posee una amplia
gama de recursos para manipular al espectador. En ocasiones
se hace de forma consciente, y en otras hablamos de prácticas
adquiridas, rutina y tendencias. La tertulia es, sin duda, el mejor ejemplo de caos mediático, de producto que, en su versión
magazinera matinal, lleva varias décadas siendo un auténtico
lavado de mentes y un agente imprescindible en la construcción
de opiniones.

Enciende tu televisor cualquier mañana y fíjate en los códigos. El aspecto de lo que verás será similar al del Telediario:
la gama cromática, el tipo de plató, las cabeceras, la posición de
los presentadores y las presentadoras. La música arroja tensión,

a pesar de que las notas de la cabecera hayan sido más amables. Sin embargo, el contenido será más libre. Habrá conversaciones, charlas, opiniones. Aunque es perfectamente legítimo que cualquier tema pueda ser debatible en esta nuestra sociedad plural, la similitud de códigos visuales y sonoros juega y mezcla, de manera peligrosa, las aspiraciones del periodismo con las ambiciones del entretenimiento.

El alargamiento de la parrilla (los programas matinales duran entre tres y cinco horas), con secciones de una duración desmedida, favorece la aparición de verborrea y fomenta la renuncia al criterio en favor de la ley del más fuerte (desde el punto de vista televisivo, «fuerte» equivale a «ruidoso», o «llamativo», rara vez a «sosegado» u «objetivo»). Por encima de todo, la tendencia a la mesa redonda, cada vez más poblada, crea la falsa ilusión de que todas las voces están representadas, cuando en verdad lo que suelen representarse son las voces afines a los ejecutivos que las contratan.

En otros programas el delirio es incluso mayor. *Aruseros*, en La Sexta, comienza con un baile insano, movimientos de cámara imposibles y música de discoteca. Segundos después, la música, el tono, todo cambia y aparece una cabecera que grita seriedad, adultez y corbatas. Uno de los tipos que bailaba segundos antes, ahora cuenta noticias de carácter político. Tras ese repaso, vuelta a la parrilla de temas que van desde cartas astrales hasta asesinatos. Quizá la persona que ha informado a la población sobre una oleada de robos no debería ser la misma que explica luego las tendencias en moda. De lo contrario, eliminaremos la capacidad de todos los españoles para entender lo que es un experto. De todos modos, a estas alturas está bastante claro que el trabajo de los tertulianos televisivos suele consistir en repetir información que todo el mundo conoce, pero en voz alta. [15]

La historia de amor y desamor, de aprendizaje e independencia, que ofrecen las filosofías mediáticas de nuestro país en relación con Estados Unidos ha dictaminado, desde su origen, cómo concebimos y consumimos la fama. A lo largo de este ensayo intentaré emplear ejemplos patrios y foráneos para sostener cada teoría del modo más amplio posible. Si en este capítulo hemos sentado las bases para entender cómo se adquiere la fama, ahora toca dar un paso atrás y preguntarse de qué le sirven al famoso todos aquellos años previos en los que no le conocía ni su madre, en los que todavía era un completo desconocido ¡o incluso pobre!

---

[15] Si este libro me consigue un trabajo como tertuliano en *Y ahora Sonsoles*, negaré haber dicho esto.

II
RAÍCES

—El dinero nunca nos ha importado.
—Eso es porque siempre habéis tenido.

El aviador (2004)

Siempre confié en este breve intercambio entre Katharine Hepburn (Cate Blanchett) y Howard Hughes (Leonardo Di Caprio) en la película de Martin Scorsese. Siempre entendí que así era: uno considera normal aquello con lo que nace, aunque luego lo pierda. Vivo rodeado de gente que tiene más dinero que yo y actúan como si cualquier día fuesen a venir a quitárselo todo, únicamente porque, de pequeños, ese era el mensaje que oían en sus casas. En mi caso, la ausencia de preocupación (nadie me ha dicho «ahorra» o «ten cuidado» hasta hace bien poco) convive con un nuevo sentimiento: la desconfianza por estar perdiéndome algo. Yo qué sé, mi familia es un híbrido raro entre conservadurismo y despreocupación, o quizá el conservadurismo siempre sea despreocupado. Nunca he querido hijos ni una casa ni un coche. Pero a mi alrededor la gente consigue ascensos, hereda o pide préstamos para alcanzar todo esto. Así que la ansiedad se presenta en forma de mirada hacia el futuro. Y lo que nunca me ha importado acaba llevándome a actualizar la aplicación del banco cada día, por si todo se desmoronase.

Los orígenes son un arma de muchos filos. Nos moldean y nos atan con la suficiente fuerza como para que, cuando conseguimos desatarnos, ya sea demasiado tarde. Lo decía mejor Joseph Conrad: «Lo más que se puede esperar de la vida es un cierto conocimiento de uno mismo, que llega demasiado tarde, y una cosecha de remordimientos inextinguibles». Para el famoso, el momento en el que debe hacer frente a la pregunta «¿quién eres tú?» suele llegar demasiado pronto. Adolescentes en *photocalls*, padres primerizos dando entrevistas, parejas enamoradas confirmando su relación en televisión… Ni ellos saben lo que piensan todavía de la vida, de las responsabilidades ante ellos, del amor. La fama, esa máxima expresión de los pecados del resto, pide a sus poseedores una constante actualización, incluso cuando no han hecho el ejercicio de analizarse.

Es entonces cuando se dicen chorradas.

Se miente. Se dice lo que se cree que va a caer bien. Se opina según la mayoría. O se opina lo contrario de la mayoría, pero sin una reflexión detrás, solo por hartazgo. «Sigo encontrando tan difícil / decir lo que necesito decir. / Pero estoy seguro de que tú me dirás / cómo me debo sentir hoy», cantaba New Order en «Blue Monday», como si en 1983 pudiesen ver el futuro. En este capítulo analizaremos cómo el sufrimiento es inherente a la fama, pero también cómo el relato de los orígenes se ha convertido en una moneda de cambio frente a polémicas o acusaciones, favoreciendo mentiras y apropiación de luchas. Cómo la fama pule estos cuentos, cómo se liman las asperezas

de una infancia conflictiva o unos padres con dinero, las irre-
gularidades en las oportunidades y los apoyos, todo ello para
mostrar un perfil al mundo que pueda ser amado. Analizaremos
la pureza de los inicios en contraste con la obligada manipulación del presente que, por alguna razón que no comprendo,
todo el mundo compra.

Sufrir para contarlo

Los Monty Python tienen un *sketch*[16] sobre la relación de las
clases altas con sus orígenes que describe con brillantez parte
de lo que este capítulo quiere tratar. Se llama «Four Yorkshire-
men» y muestra a cuatro hombres adinerados que, mientras
beben Château de Chasselas, recuerdan las penurias que tuvieron que soportar en su infancia para llegar a la cómoda posición
en la que hoy se encuentran. Lo tienes íntegro en YouTube,
pero ahí va un fragmento:

> —Yo era más feliz que ahora y no tenía nada. Solíamos
> vivir en una pequeña y vieja casa con grandes agujeros en el
> suelo.
> —¡Casa! ¡Menuda suerte, vivir en una casa! Nosotros vi-
> víamos en una habitación, los veintiséis miembros de mi fami-
> lia, sin muebles, y sin la mitad del suelo. Todos nos arrinconá-
> bamos juntos en una esquina por miedo a caernos.

---

[16] Leyendo la biografía de Terry Pratchett (por cierto, uno de los autores que me contagió su
amor por las notas al pie) descubro que, en realidad, este *sketch* lo escribieron John Cleese, Tim
Brooke-Taylor, Graham Chapman y Marty Feldman para el programa televisivo *At Last the
1948 Show*.

—¡Qué suertudo, en una habitación! ¡Nosotros vivíamos en un pasillo!

—¡Nosotros SOÑÁBAMOS con vivir en un pasillo! Hubiese sido como vivir en un palacio. Vivíamos en un tanque de agua hecho una ruina en un estercolero. Teníamos que despertarnos cada mañana con un montón de peces podridos muertos sobre nosotros. ¡Casa! ¡Bah!

Es dificilísimo encontrar orgullo en el éxito fácil. Con lo increíble que es, y a muy poca gente se le da bien recorrer la autopista de la facilidad, tomar la salida del dinero de tus padres y llegar a la ciudad de los privilegios. ¡Si nadie está diciendo que no se pueda! ¡Pero que no den la matraca con que se les ha parado el coche, o que la gasolina está muy cara, o que tuvieron que cambiar una rueda! ¡Que paguen sus impuestos y hasta luego, hombre! En el documental *Beckham*, cuando Victoria Beckham dice: «Somos de clase obrera», su marido David aparece para decirle: «Sé sincera, ¿en qué coche te llevaba tu padre al colegio?», a lo que Victoria, con media sonrisa, responde: «En los ochenta, en un Rolls Royce». Al menos le honra tener el sentido del humor suficiente como para haber mantenido este intercambio. La llegada a la cima implica, siempre, un relato machacón de la dureza de la escalada. Lo que no queda claro es si es más legítimo ese lamento cuando se ha comenzado por la base, o si la cima anula la queja e iguala a pobres y ricos una vez allí.

Es positivo colocar en el centro de la atención mediática a los que han sufrido. Es deseable construir una sociedad no solo a través de los relatos de aquellos que tienen medios para comunicar su realidad, sino también gracias a los de los más desfavorecidos, habitualmente sin acceso a escuelas de cine, prácticas en televisión o lo que se te ocurra. En 2023 se hizo viral un breve artículo de Víctor Alonso-Berbel llamado «Decálogo para democratizar el cine del futuro», donde se desarrollaba una incómoda verdad sobre España: «Las películas las ruedan los ricos… y se nota. Vivir del cine es un lujo al alcance de unos pocos privilegiados». Guionista y director, Víctor Alonso-Berbel mencionaba un estudio de la Universidad de Manchester que determinaba que solo el 7,9 % de los artistas del Reino Unido provienen de clases trabajadoras. Sin datos en España, continuaba, sí es posible advertir causas compartidas que han llevado al mundo entero a una situación similar. La privatización de la educación, la precarización del desarrollo audiovisual, los mitos meritocráticos que perpetuamos, etcétera.

Y aun así, a pesar de toda esta evidencia, debemos ser tremendamente cautos, como público, ante la manipulación del sufrimiento. Tenemos que ser capaces de advertir cuándo estamos ante un relato de superación y cuándo se nos ha empaquetado, sellado y perfumado una nota de prensa con brazos y piernas. Porque, por desgracia, la competición atroz a la que expone la fama ha hecho que cada miembro de esa carrera se percate de que una infancia triste o una adolescencia conflictiva suman puntos. Así que ahora está la gente loca rebuscando en su pasado, a ver si yo en realidad tengo relato y no lo estoy usando. En el mismo artículo, Alonso-Berbel redactaba diez propuestas para acabar con el sesgo socioeconómico de nuestra industria audiovisual: remunerar las prácticas, reinventar los procesos de selección de proyectos, cuestionar la meritocracia, garantizar el acceso universal a los estudios de cine, etcétera. Mientras llegan estas medidas, Netflix, Disney o Televisión

Española ya están trabajando para convencernos de que están haciendo todo lo posible para edificar sus proyectos sobre una auténtica diversidad y alrededor de oportunidades reales.

Ahí es cuando empieza la hipérbole de los Python. Cuando las soluciones tomadas para corregir unas carencias tienen más que ver con el interés mediático que con la revisión estructural de un sistema. Las empresas compiten por mostrar, entre sus filas, a los seres humanos que más penuria hayan conocido. Y se hace sin importar que estos sean, por ejemplo, profesionales ahora consolidados (Pedro Pascal es latino, pero ¿sigue contando como apoyo a la comunidad latina el hecho de contratar a Pedro Pascal cuando este ya es millonario?). O sin preocuparse de sus carreras a largo plazo, empleándolos únicamente como reclamo mediático para un proyecto concreto (caso de Yalitza Aparicio, protagonista de la película *Roma*). O, directamente, sin valorar si detrás de una queja hay una inquietud, un discurso, un referente… o tan solo una queja. La tormenta del cambio parece responder a momentos selectivos de furia descontrolada y tener como objetivo la eliminación del espacio público para todo aquel que no lo merezca. Sin embargo, los criterios no están claros y los que tienen más poder siguen estando más capacitados para manipularlos.

El sufrimiento es una amplísima herramienta de marketing que, en ocasiones, también parece justificar defectos, ira, enfados. Dan Harmon, responsable de series como *Community* o *Rick y Morty*, explicaba en una entrevista a *The Hollywood Reporter* en 2023 que su comportamiento errático y problemático de los últimos años (comentarios fuera de lugar, actitudes sexistas, mala relación con sus empleados, hábitos insalubres) había coincidido con una época en la que padecía numerosos ataques de pánico y atravesaba un divorcio. Cuando varios exempleados de Ellen DeGeneres criticaron la toxicidad que había reinado en su productora durante años, ella emitió un comunicado en el que dejó caer que era alguien «que fue juzgado y casi perdió todo por ser quien era, y entiende de verdad y siente una gran compasión por aquellos a los que se mira de forma diferente o son tratados injustamente [...]». Quizá la peor ¿disculpa? jamás emitida fue la de Kevin Spacey, al hacerse públicas las denuncias contra su persona por mala conducta sexual, cuando argumentó que era homosexual y siempre lo había sido, como si la revelación de ese secreto con el que había cargado durante años justificase algo.

LOS FAMOSOS SE HACEN

Cristina Pedroche suele hablar a menudo de su normalidad e insiste en sus orígenes humildes. Para muchos espectadores esta es ya su innegable marca personal. En su entrevista con Risto Mejide en *El rincón de pensar* (2015), Pedroche insistía en esta idea en diversas ocasiones: «Yo soy muy normal», «Vengo de una familia que no estamos mal, pero tirando a humilde», «Ser normal, ser natural, hay gente que [en el sofá] se siente artificial, bien colocada, yo me siento cómoda». En *Vanity Fair* reveló cuál era su secreto: «Que soy normal. Todos los chicos pueden tener una amiga o una novia como yo y todas las chicas pueden vestir como yo». Ya en 2010, tras su primera aparición en *Sé lo que hicisteis*, Cristina Pedroche concedió una entrevista al diario *El Mundo* en la que, además de posar en su propia habitación, en la casa de sus padres, confesó estar «orgullosa de ser vallecana» y habló de sus manías y costumbres con total franqueza y sencillez. Suele colgar fotografías antiguas en sus redes, en las que llaman la atención sus looks antiguos (camisetas ajustadas, pelo engominado y rizado con efecto mojado, vaqueros ajustados, de campana, etcétera). Ha reivindicado su origen vallecano para explicar que no votará al PP. Cuando se casó con su marido Dabiz Muñoz, lo hizo en vaqueros.[17] Su familia forma parte de su equipo, su padre ha trabajado como su chófer y su madre no dejó de ser limpiadora en un colegio ni siquiera cuando su hija comenzó a ayudarla económicamente.

Los orígenes del famoso pueden emplearse para numerosos objetivos. El principal, sujetar un relato de superación. Esto ocurre en todos y cada uno de los casos. Por definición, el que es famoso no lo ha sido desde su nacimiento, o no en el mismo grado. Cualquier famoso viene de un pasado con mayores carencias, y siempre será capaz de referirse a un momento en el que lo que hoy tiene se vislumbraba lejano e inalcanzable entonces. Sobre ese relato de superación se edifican carreras. Utilizar la narrativa que ofrece haber prevalecido ante una serie de retos se repite desde Jesucristo hasta Beyoncé. No obstante, el de Cristina Pedroche es un caso peculiar, porque, a pesar de que haber superado sus orígenes humildes sea parte de su identidad, no quiere desprenderse de ellos. Para ella es importante y necesario demostrar que es tan normal y accesible como lo era hace años, cuando empezó su carrera. ¿En qué le puede beneficiar esto?

Tanto en su caso como en el de otros, los orígenes actúan como justificación del presente. Son una red de seguridad ante

---

[17] ¿Te ha dicho ya Cristina Pedroche lo mucho que le gustan unos vaqueros? O vaqueros o desnuda en la nieve.

lo que pueda pasar. Recuerdo a Pablo Iglesias, tras la compra de su chalet, publicando un comunicado que justificaba esa inversión, diferenciándola de otras similares a las que había atacado previamente.[18] En una ocasional tercera persona cuyo objetivo era que su relato pareciera el de cualquier otra familia, el comunicado usaba frases como «La entrada y la hipoteca y las reformas las hemos costeado con una parte de nuestros ahorros» o «Irene [Montero] ha necesitado para ello pedir un préstamo a su padre», o «El padre de Irene ha trabajado toda su vida como mozo de mudanza y su madre es profesora de educación infantil. Los padres de Pablo han ganado más. Su padre es inspector de trabajo (jubilado) y su madre abogada laboralista (jubilada)». Más allá de ciertas realidades, como la fuerza con la que la opinión pública critica a la izquierda cuando cree que esta se traiciona, o el hecho de que un mensaje no deja de tener validez aunque su emisario personifique, por un momento, cualidades opuestas al mismo, de lo que podemos estar razonablemente seguros es de que Pablo Iglesias sabía que sus orígenes atenuarían la percepción de aquella compra. Haber sufrido, haber nacido en una familia de clase obrera, tener problemas económicos, eran para él escudos ante posibles voces discordantes, barreras que legitimaban esta desviación de un camino del que siempre se había enorgullecido.

Yo no conozco mucho a Cristina Pedroche. He aprendido más de ella al documentarme para este libro que trabajando juntos. En cualquier caso, no pongo en duda las buenas intenciones detrás de todo lo que hace. En su forma de ser hay im-

---

[18] «¿Entregarías la política económica del país a quien se gasta 600.000 euros en un ático de lujo?», escribió en 2012, en referencia al ático de lujo que Luis de Guindos adquirió aquel año.

plícitos mensajes positivos, como el orgullo de clase, la búsqueda de la felicidad en uno mismo y no en la valoración exterior, o la idea de que cada cuerpo es diferente, la lucha por el empoderamiento de cada físico, sea cual sea. El éxito, no obstante, hace que la opinión pública comience a percibir una falta de coherencia entre la defensa de estos ideales y el modo de vida del que los practica. Para muchos, de forma similar a lo ocurrido con Iglesias, no sirve de nada sentirse orgulloso de pertenecer a un barrio obrero mientras se viva en una urbanización para ricos. Cuando Pedroche hace referencia a sus imperfecciones, muchas personas no se sienten identificadas con su discurso a causa de la imagen de perfección que ven en ella. También es difícil aceptar que una persona pueda sufrir tanto ante la presión que ejercen las redes sobre ella mientras alimenta sus perfiles subiendo contenido a diario. Los orígenes, la naturalidad que Pedroche y otros muchos famosos (desde Andrés Iniesta a Yolanda Díaz) aseguran arrastrar desde que nacen, intentan, de forma consciente o no, volverlos más empáticos y accesibles. Aunque hace años que no lo sean.

PELIGROS EN LA REVISIÓN DE UNO MISMO

La opción opuesta al método de Pedroche (reivindicar los orígenes) consiste en intentar dejar atrás a aquel que se era. Esta es, desde hace años, la opción escogida por Taylor Swift. En su documental habla de sus numerosos cambios, de cómo su crecimiento personal y profesional le ha permitido ver la toxicidad de comportamientos propios y ajenos. «Me convertí en la persona que todo el mundo quería que fuese», asegura al inicio de

Miss Americana, en referencia a sus años adolescentes y a su afán por obtener la aprobación de propios y extraños. En numerosas ocasiones ha constatado su tendencia a no mostrar, en los primeros años de su carrera, su opinión política o a hablar de sus gustos. También ha sido muy honesta en cuanto al modo que tenía de relacionarse con su físico, cómo dejaba que su opinión o la de otros le llevasen a pensar que necesitaba perder peso y, en consecuencia, decidiese pasar días sin comer.

Poco a poco, Swift dejaría atrás a esa chica nerviosa y manipulable y se convertiría en una mujer empoderada y segura de sí misma. Por ejemplo, respecto a la norma de no manifestar sus opiniones políticas, en octubre de 2018 decidió romperla y apoyar públicamente, a través de un post en Instagram y varias apariciones en medios, al candidato demócrata en su estado natal, Tennessee. En 2017 demandó a David Mueller, un DJ de Colorado, por haberse sobrepasado sexualmente con ella. Ganó el juicio y, desde entonces, se ha convertido en una clara defensora de los derechos de la mujer y de la necesidad de luchar contra el machismo y el heteropatriarcado. En mayo de ese mismo año, Swift decidió desaparecer de la esfera pública durante varios meses, tras haber sido objeto de numerosas campañas de desprestigio en distintos medios. Su regreso estuvo marcado por un tono reivindicativo y beligerante en sus canciones, algunas de las cuales dedicó a las disonancias con sus exparejas, varias de ellas célebres, como Joe Jonas, John Mayer y Harry Styles, a los que menciono directamente porque ellos también han escrito sobre ella.

Las actualizaciones, las revisiones, son útiles en ciertos momentos, pero si se utilizan en exceso dejan un regusto amargo en los fans. Taylor Swift tiene treinta y cuatro años, ¿cuántas ocasiones pueden ofrecerse, en ese corto espacio de tiempo, para cambiar formas de pensar, reestructurar una vida o comenzar una nueva etapa? La propia Pedroche ironizaba en una entrevista sobre lo poco preparada que estaba, en su juventud, para ofrecer su opinión: «Pero sí te diré algo sobre esas declaraciones: ese tipo de entrevistas que yo daba con veintipocos años… ¡Bastante bien salía con lo que decía! Todas las tonterías… [Lanza una carcajada]».

Incluso para el protagonista de la mayor aventura jamás contada, los relatos de superación corren el riesgo de sucederse con excesiva frecuencia. Un divorcio sirve para vender un álbum, estupendo, y otra ruptura, para promocionar una canción, genial. ¿Quizá una situación tensa para justificar un libro? Vale. Pero por algo la frase «este es mi disco más personal» funciona como un chiste para ridiculizar a la industria. Porque muestra la desconexión entre la escasa vida interior de un artista y la demanda salvaje de vivencias por parte del sector al que pertenece.

Los famosos están obligados a mostrarse constantemente y, por tanto, a hablar de sí mismos, aunque ni ellos sepan cómo están. El aprovechamiento artístico del sufrimiento de Taylor Swift es, en principio, legítimo, pero chirría cuando es absorbido por ciclos y narrativas creadas para alimentar un sistema mediático. En la fama, todo se emplea. ¿Oprah ha decidido adelgazar? Lo cuenta en televisión y se convierte en uno de los programas más vistos de su carrera. ¿Tom Holland deja Instagram? Oportunidad perfecta para hablar de su salud mental en un pódcast de máxima audiencia. ¿A Chris Rock le dan un sopapo en los Oscar? Excusa idónea para «cebar» su próximo especial de *stand up*, en el que, por supuesto, mencionará el incidente. Es delicado hablar de manipulación ante un trauma, o incluso de aprovechamiento. Por pura empatía, por cariño, uno no quiere negar, de entrada, la posibilidad de que la persona que tenemos delante esté diciendo la verdad. Pero si sabemos que la superación vende, es lógico que se alimente el sufrimiento vivido por el artista. Es lógico pensar que se puedan inflar periodos de la vida del famoso para crear mejores oportunidades de venta. Swift es demasiado grande para resultar cercana a todo el mundo. Las revisiones comienzan a despertar menos empatía cuando se hacen desde la cima. Llorar no parece tan dramático si se hace aposentado en el asiento de un avión privado, lo mismo que retirarse para escapar del mundo es mucho más fácil cuando se poseen varias casas por todo el mundo. Los conciertos, cada vez más grandes y espectaculares, son también cada vez más caros y rompen la confianza establecida entre el artista y sus fans. Y es que cuando al principio del capítulo hablábamos sobre la necesidad de dar oportunidades a aquellos que más las necesitan, se nos olvidaba mencionar lo difícil que es quitárselas cuando ya están consolidados. El *sad fishing*[19] crea adicción. He visto a artistas de mi generación quejarse porque el *mainstream* no les hacía caso mientras cobraban campañas para Google o grababan especiales para Netflix. La única manera de perpetuar un discurso *underground* o de víctima cuando ya no solo no se sufre, sino que además se es un millonario con éxito, pasa por desconectarse por completo de la realidad. Y si queremos hablar de desconexión, de auténticas idas de olla, hay que hablar de Kanye.

---

[19] La traducción sería algo así como decir que estoy triste públicamente a ver si cae casito.

Irreconocible en lo alto

A Kanye le gustaría que abriésemos su apartado hablando de Jesucristo. La representación de Jesús ha sido, históricamente, motivo de controversia entre los cristianos. En los primeros años de la Iglesia, su imaginario era sobrio, invisible, como el poder superior al que representaba. Pero cuando el cristianismo comenzó a propagarse, fue necesario elaborar un conjunto de estatuas, estampitas, obras de arte y representaciones varias que sirviesen para llenar los espacios que la religión conquistaba. Al final el cristianismo se decantó por usar herramientas paganas de difusión, como los santos y sus martirios, sustitutos de los dioses clásicos y sus míticas hazañas. Los templos comenzaron a competir entre ellos, manifestando ser dueños de los clavos de la cruz de Cristo o de los dientes de este o aquel mártir. En el siglo XII, la canonización se convirtió en privilegio exclusivo del papa porque se estaban repartiendo carnets por encima de lo razonable. La fama funciona un poco así: una cosa es lo que tú quieres ser cuando comienzas, y otra, lo que vamos a necesitar de ti cuando el asunto vaya a más.

La rebeldía de un artista en sus inicios suele ser el secreto de su éxito. Cuando se consolida, tiende a convertirse en prisión. Oprah fue celebrada por sus logros como mujer afroamericana y luego criticada por no ser suficientemente negra. A Pedroche se la aplaudía por representar al pueblo y con el tiempo se la condenó por olvidarse de él. *La Resistencia* era el programa más gamberro de la televisión y después se convirtió en el *late night* más importante de un transatlántico como Movistar Plus+. Es difícil crecer públicamente como adalid de una causa, pues nunca se estará a la altura de ella. Esta evolución, pasar de estar fuera del sistema a estar dentro, ofrece dos opciones vitales: la primera, un estado de equilibrio en el que el famoso no hace grandes alardes de ser lo que no es, pero tampoco renuncia del todo a reivindicar su autenticidad de vez en cuando, y la segunda, presentarse a la presidencia de los Estados Unidos de América.

The Life of Pablo fue el séptimo álbum de estudio del rapero Kanye West (el título hace referencia a la vida y obra del apóstol). En él se incluye la canción «I Love Kanye», un poema sin música de fondo en el que, rebosante de ironía, carga contra la idea del viejo Kanye, o, más bien, se muestra consciente de la inevitabilidad de un fenómeno habitual: su imagen ha escapado a su control. Todos los Kanyes del multiverso se pelean en sus versos, que recomiendo escuchar para poder ofrecer una capa más de sentido a este suceso inherente al estrellato. Él siempre ha sido Kanye, pero su obra, al estar interpretada por público e industria, adopta nuevas formas, se separa, tiene vida propia. Cómo es posible que un disco de Kanye no suene a Kanye. Cómo es la gente capaz de advertir los cambios en Kanye si no sabían quién era antes de que él mismo se lo explicase. Tal vez sea porque la fama no pertenece a su portador, sino a los ojos que la fabrican.

El documental *jeen-yuhs: A Kanye Trilogy* es un apasionante repaso a la figura de este artista único. Incontables horas de material rodadas por su amigo Coodie Simmons ofrecen una amplia visión del camino transitado por el rapero, desde los días en los que lanzaba rimas en la puerta de su humilde casa en Chicago hasta el momento en el que se convirtió en un fenómeno a nivel mundial. Todo lo descrito en este capítulo es aplicable a este camino: usar el sufrimiento como iluminación

y arma de comunicación (un accidente de coche que le rompió
la mandíbula sirvió de inspiración principal para su primer éxito, «Through the Wire»), el orgullo por una parte concreta de
sus orígenes (el barrio, la calle, la lucha, tan habitual en el rap)
y las ganas de dejar atrás otros (querer pasar de ser visto como
un productor a ser visto como un rapero, para luego querer ser
diseñador o líder de opinión). Es precisamente en esta errática
relación entre su pasado y su presente donde Kanye ha sido más
explícito, más accidentado, incluso más peligroso.

Kanye ahora se llama Ye. El cambio de nombre por motivos
artísticos es una práctica que se remonta a la época de William
Shakespeare, cuando los actores adoptaban seudónimos, for-
zando así su capacidad para huir de las restricciones del pasado
y apostando por la entrada en un prometedor futuro. Sin embargo, el hambre del artista antes conocido como Kanye por su
propia reinvención no se ha limitado a un par de estrategias de
formulación. En los últimos años, estos vaivenes respecto a su
identidad le han llevado a presentarse como candidato a presidente de Estados Unidos, a defender el amor por Hitler y a
realizar durísimos comentarios antisemitas. Se ha declarado
líder de opinión, artista e, incluso, enviado de Dios. Y todo ello
aderezado con numerosos cambios de humor: del llanto a la
euforia, del convencimiento a la apatía, de la coherencia a locura. Volantazos que el documental registra hasta que Coodie
Simmons, compañero de mil batallas, decide dejar de hacerlo.
La enfermedad mental de Kanye es más que evidente y él no
quiere formar parte de este circo.

Las ambiciones y las estructuras de poder hacen que el famoso quiera ser otra cosa, mentir acerca de lo que ha sido y
tergiversar lo que ha conseguido. Durante toda su vida, Veláz-

quez, a pesar de consolidarse como un afamado pintor, buscó posiciones en la corte que nada tuviesen que ver con su oficio. Su mayor ambición era dejar de ser reconocido como un artesano que trabajaba por dinero. Quería ser tratado como un fiel servidor del rey al que por pura casualidad lo de pintar se le daba increíble. De hecho, para obtener la Orden de Santiago (representada por la cruz roja que aparece en su vestimenta en *Las meninas*, que fue añadida años después de pintar el cuadro, hay quien sostiene que de manera póstuma y por el mismísimo Felipe IV), era indispensable no haber realizado ningún trabajo remunerado, lo que le llevó a negar la autoría de muchas de sus obras. Este desprecio de la aristocracia ante el esfuerzo pervive, de alguna manera, en nuestros días. La escalada a la fama exige, en muchísimos casos, un sacrificio económico (se dan oportunidades no remuneradas, se ofrece visibilidad en vez de dinero) que habitualmente solo está al alcance de las clases acomodadas. Así, nuestros famosos son, en su mayoría, gente con apoyos.

Los delirios de grandeza de Kanye pueden ser alimentados por su personalidad, pero sin duda las herramientas dispuestas a sus pies una vez alcanzada la fama los han potenciado. La aparente infinidad de recursos, el aplauso ensordecedor de la masa al escuchar una canción o los incontables *likes* en un post harían sentirse Dios a cualquiera. No creo ni siquiera que el cerebro humano está lo bastante desarrollado como para entender lo que significa ser mundialmente famoso, pero me meto en un terreno que desconozco. Lo que resulta evidente es que una vida no es suficiente para adaptarse a un cambio tan grande, de rata callejera a príncipe de Agrabah.

Ante las alucinaciones de Ye, solo nos queda teorizar. A no ser que decida someterse a un examen psiquiátrico, jamás sabremos si es esquizofrénico, bipolar, si sufre brotes psicóticos o si la droga le confunde. En una de las últimas secuencias del documental, Kanye mantiene una conversación telefónica con el legendario productor musical Rick Rubin, que transcribo en parte:

> Rick Rubin: ¡Genial! ¡No podría estar más excitado![20]
> Kanye West: Siempre les digo esto a los demás. Cuando juego al diccionario, la palabra «excitado» tiene algo de negatividad. […] Si alguien te diese un nuevo coche y te dijese que está a la vuelta de la esquina, podrías acabar atropellado por un coche mientras vas a buscar tu nuevo coche. Esa es la razón por la que prefiero decir «energizado».
> R. R.: Ya veo.
> K. W.: La cultura negra y la cultura *woke* nos intentan excitar demasiado. […] Estoy aprendiendo el rollo zen.
> R. R.: Me gusta. Es una buena palabra.
> K. W.: No lo estaba diciendo para corregirte.
> R. R.: No, no, lo aprecio, me gusta aprender.

Jugar con el lenguaje siempre ha sido la seña de identidad de Kanye, pero en ese momento ni él sabía lo que decía. El famoso vive en un ambiente profesional en el que los debates y las apreciaciones personales son menos frecuentes. La fama hace adquirir comportamientos impensables hacia gente cuya relación, a su vez, es un juego de poder. Esos comportamientos se pueden mantener en el tiempo porque el séquito del famoso se beneficia económicamente de él y eso les permite acos-

---

[20] *Excited*, en el original.

tumbrarse a la irregularidad de su discurso. Todos ven el traje del emperador, pero nadie quiere ser el primero en gritar que va desnudo. A medida que la fama de un individuo crece, comienza a distanciarse de la realidad. Ser conocido implica vivir distanciado. Es hora de rellenar esos huecos y hablar del aislamiento.

III
AISLAMIENTO

El individualismo florece en los pisos más altos del edificio que es la sociedad.

Jean-Paul Sartre

El 24 de noviembre de 2022, a escasos minutos del final de *El Hormiguero*, después de que Manuel Carrasco hubiese abandonado el plató, Pablo Motos daba la bienvenida a Tamara Falcó, Cristina Pardo, Juan del Val y Nuria Roca. Comenzaba una nueva edición de la «Tertulia de actualidad», una sección instaurada en tiempos de pandemia. En esta ocasión, Motos empezó respondiendo a una campaña del Ministerio de Igualdad —fácil de encontrar para el que no la haya visto— con el nombre «#EntoncesQuién?» en el canal de YouTube del organismo público. En ella se señalaba directamente al presentador como machista, al igual que a otros personajes públicos, como elxokas, *streamer* en la plataforma Twitch. Con la respuesta al ministerio en horario de máxima audiencia, rodeado de sus colaboradores habituales, Pablo Motos cerraba filas y rechazaba tajantemente la acusación. En esa fortaleza ideológica,[21] en esos improvisados bandos, transpiran algunos síntomas de la fama. El más evidente: el aislamiento que esta provoca.

No todas las polémicas son iguales. Cuando se crea una tensión repentina en nuestras vidas, esta también suele afectar a nuestro círculo más íntimo. Un divorcio, una infidelidad o una adicción pueden romper una familia o sacudir un vecindario, pero no alcanza mayor publicidad. Pero ¿qué ocurre cuando te conoce toda España? ¿Qué pasa si eres mundialmente famoso? ¿Cómo puede una persona mantenerse cuerda ante las críticas constantes? El eco que devuelve ese abismo que es la popularidad conlleva, por definición, un aislamiento ideológico, físico, social y emocional. Se puede producir en diferentes grados, tiene causas claras y también repercusiones evidentes, pero el famoso siempre se separa de la realidad para protegerse de ella. Este capítulo pretende repasar estos elementos para entender mejor a aquellos que hace tiempo dejaron de vivir vidas normales.

ASILAMIENTO IDEOLÓGICO

La pérdida de ingresos por publicidad, además del claro desarrollo del universo web, a lo largo de las dos últimas décadas, llevó a gran parte de la prensa tradicional en papel hacia un camino de exploración digital. Sus equivalentes virtuales comenzaron a reportar mayores beneficios. Por una parte, porque allí se podía vislumbrar un futuro en el que la inversión publi-

---

[21] Alguien podría llamarlo «fuerte de Playmobil».

citaria fuese mayor y, por otra, porque se abarataban los costes. No solo se ahorraba dinero evitando la confección de un periódico físico, sino que el sistema web también conseguía normalizar la explotación laboral del sector, exigiendo a los periodistas de todo el mundo ampliar sus responsabilidades: además de desarrollar su trabajo habitual, tenían que ser editores de vídeo y expertos en posicionamiento web o en personas célebres en las redes sociales.

Como consecuencia de este cambio de paradigma, el mundo comenzó a experimentar la consolidación irreversible de dos maneras históricas de entender la información, lo que en Estados Unidos definen con los términos *soft news* y *hard news*. Es decir, noticias suaves y noticias duras. Las duras seguirían haciendo referencia al periodismo tradicional. En su mejor versión, aquel que enfoca sus esfuerzos por evidenciar el estado del mundo que nos rodea, con presupuesto para investigar, un cuarto poder que no obedece ni a intereses ni a modas, libre y comprometido. Las suaves se mezclarían con temas más ligeros, información que no resultase disruptiva con el día a día de los lectores o usuarios: estilo de vida, deportes, ocio y un largo etcétera. Hablamos, por tanto, de la mezcla, definitiva y casi indistinguible, de información y entretenimiento.

Las herramientas de analítica web comenzaron a capitanear barcos editoriales hacia aguas más populares. Y si los encargados de ofrecer información abrazaban convertirse también en un lugar de ocio, por qué no iban los programas y espacios familiares a añadir actualidad en sus contenidos. Así, llevamos años de préstamos entre formatos, como explicábamos en el capítulo inicial. Los códigos, los escenarios y las sintonías se confunden. No sabría decir si es más sencillo identificar como humor *The*

Daily Show (1996) o *El informal* (1998) que señalar como noticias lo que se comenta en *The View* (1997) o *El programa de Ana Rosa* (2005). No está claro si *El Intermedio* (2006) tiene más voluntad transgresora que *Todo es mentira* (2019), o si esa irreverencia viene de su posicionamiento ideológico o de sus chistes. Algunos de los monólogos de Stephen Colbert o Jimmy Kimmel se podrían categorizar como editoriales antes que clasificarlos como *stand up*. Cada día las líneas son más grises.

El Hormiguero es un caso ejemplar de forzada comunión entre jolgorio y seriedad. El programa que actualmente emite Antena 3 es capaz de empezar bailando para terminar hablando de la vacunación por la COVID en España. En este espacio, el espectador se puede encontrar tanto a Albert Espinosa promocionando un libro lacrimógeno como una entrevista a un líder político. Si bien en sus inicios el programa presentado por Pablo Motos ya buscaba interpretar la actualidad desde la irreverencia (al fin y al cabo su padre era aquel magazín radiofónico llamado *No somos nadie*, donde lo cotidiano era la materia prima), hoy en día los límites que separan un enfoque y otro se han traspasado. El campo de juego de Motos es, al mismo tiempo, la tertulia política y el plató de cine, aunque es muy consciente de que el futuro está en el primero de ellos, como le confesaba a Ricardo Moya en su pódcast *El sentido de la birra*: «El programa, como programa de entretenimiento, es solvente. Yo ahora quiero ser útil».

La mezcla de información y entretenimiento tiene serias consecuencias para el espectador. En primer lugar, la labor de informar se ve afectada. Los comunicadores que tratan temas de actualidad en espacios, digamos, más frívolos no deben someterse a los mismos estándares profesionales que aquellos que presentan, por ejemplo, un telediario.[22] Al moverse en el ámbito de la opinión, el medio y el público recompensan la improvisación o la subjetividad, estilos que, por el contrario, son lógicamente criticados si hablamos de un periódico o un informativo. Un análisis de la actualidad efectuado por un cómico o una celebridad puede (y probablemente hasta deba) ofrecer una visión más mordaz y libre de la que se espera en otros ámbitos. Pero sin estar probada, sin ser filtrada, no debería representar para el ciudadano medio más que un punto de vista. Es peligro acostumbrar a la población a una cultura mediática que no ha sido previamente contrastada. Es lícito, positivo y recomendable que estén expuestos a ella, siempre y cuando sean conscientes de sus matices.

En estos casos, además, el individualismo y el aislamiento juegan en contra. La capacidad de un medio para abogar por la pluralidad en sus puntos de vista o en la renovación de sus equipos directivos facilitará su labor periodística, lo contrario la empañará. En el caso de *El Hormiguero*, el éxito que amasa Pablo Motos fuerza su separación del resto del mundo. Él es el director y el productor ejecutivo, cargo que ocupa junto a su colaborador histórico, Jorge Salvador. La jefa de guion del programa es Laura Llopis, su pareja sentimental. Pablo Motos forma parte del proceso de selección del personal creativo, llama personalmente a sus empleados para confirmar su incorporación o explicar las razones por las que no han sido contratados. Y a nivel técnico, toma decisiones de realización (tamaño de planos, encuadre, disposición de cámaras, etcétera). Si exis-

---

[22] Aunque ahora los telediarios también tienen editoriales y opinión, como aquella vez que Manu Sánchez me llamó «cobarde» por no tener hijos.

ten dos tipos de presentadores, los que solo son «muñecos» y
los que son autores de su espacio, Motos es claramente de los
segundos.

Este alejamiento del resto del mundo es la maniobra más
habitual en cualquier escalada profesional. A medida que uno
avanza en la escalera del éxito y es capaz de decidir con quién
quiere compartir su jornada laboral, las caras conocidas y las
relaciones afines empiezan a ser recompensadas. En trabajos
como los del sector audiovisual, en los que la personalidad o el
carisma compiten con el talento o el conocimiento, la posibilidad
de formar a tu alrededor un equipo menos preparado, pero que
te caiga bien, es mucho mayor que en profesiones como, pongamos, la medicina o la arquitectura, donde puede que también
ocurra, pero imagino que con gran riesgo de que los puentes se
desplomen y los pulmones colapsen. Que los ascensos suelan
producirse entre amigos tiene unos beneficios lógicos, pero también da lugar a una falta de autocrítica en las esferas más altas.

Esta tendencia al hermetismo genera más consecuencias
directas. Por ejemplo, la capacidad de acentuar una brecha
generacional. En las primeras rondas promocionales de *El Hormiguero*, allá por 2007, se hablaba de «osadía» e «innovación»,
e incluso se lanzaban titulares como «Partimos de que la información es mentira». Mantener esos valores durante quince años
es un ejercicio complejo, o al menos mantenerlos dirigidos hacia los mismos objetivos. Para lo nuevo, lo viejo es el problema,
y para lo antiguo, suele ser lo joven. Por muchos vídeos que vea
en internet el equipo de un programa, por muchas cantantes
jóvenes que pasen por el plató, si no se incorporan, de manera
estructural, fuentes de ideas frescas, si se mantiene el entorno
cerrado, es fácil llegar a una radicalización, a la sensación de

baluarte, de resistencia, de soledad frente al exterior. Y pocas cosas crean mayor sensación de soledad que las redes sociales.

Pedro y el lobo

El aislamiento ideológico es un elemento común a numerosísimos casos de poder, éxito y fama a lo largo de la historia. La serie *We Own This City*, creada en 2022 por David Simon y George Pelecanos (respectivamente, creador y guionista de *The Wire*) y dirigida por Reinaldo Marcus Green, adapta el libro homónimo escrito por Justin Fenton, reportero de *The Baltimore Sun*. Tanto en el libro como en la serie se describe la subida al poder y la posterior caída de la unidad de la policía de Baltimore encargada del rastreo de armas. Esta unidad, que actuaba de forma corrupta, ilegal y abusiva para cumplir sus objetivos, se conformó alrededor de un hombre, el sargento Wayne Jenkins. A lo largo de su ascenso dentro del cuerpo de policía, Jenkins se rodearía de un equipo de hombres leales que le seguirían a cualquier parte. Aquellos que no cooperaban o se oponían a sus métodos (que incluían habituales robos a civiles, extorsión, corrupción, chantaje, tortura o agresiones físicas) eran rechazados o transferidos a otras unidades. Esta serie de HBO muestra múltiples momentos reales en los que Jenkins, incluso tras enfrentarse a su condena y a sus cargos, se mostraba convencido de estar haciendo lo correcto. Era capaz de elaborar un discurso alrededor de sus pecados que justificaba hasta el más deleznable de ellos, apoyándose en su lucha individual frente al sistema. Sistema, sociedad, masas. Cuidado con las palabras amplias, llegan a cobijar los argumentos más endebles.

Por si fuera poco, el presente trae consigo una herramienta que refuerza la búsqueda de distancia entre el célebre y el anónimo como nunca antes se había producido. Irónicamente, aquella que debía traer el equilibrio a la fuerza o, dicho de otra manera, la que debía servir para que los famosos se pudiesen comunicar mejor con su comunidad de seguidores. Las redes sociales. Así se refería a ellas Pablo Motos en la entrevista con Ricardo Moya: «En general, yo no vivo en el mundo de las redes sociales. Y este tema me parece muy serio. […] ¿Sabes lo que pasa si no lees las redes sociales? Nada. Absolutamente nada. No es la realidad. La realidad es que yo, cuando voy por la calle, solo tengo gestos de cariño. Cuando voy a un sitio, me tratan excelentemente bien. Yo lo que noto es muchísimo amor por todas partes, muchísimo agradecimiento por todas partes. […] Yo creo que ha llegado el momento de reflexionar en serio sobre las redes sociales. Las redes sociales son un elemento de control social que hace que nos autocensuremos. Y eso es lo contrario a la libertad de expresión. Y sin libertad de expresión no se puede ser feliz».

Empieza a resultar evidente que, para los famosos, las redes sociales han dejado de ser útiles o divertidas. Principalmente cuando, al contrario de lo que le ocurre a Pablo Motos en la calle, todo lo que allí ve es odio. Cuando el bombardeo del exterior hacia el famoso es masivo, le resulta difícil discernir entre las polémicas que merece la pena escuchar y las que se deben ignorar. El famoso está tan acostumbrado al ruido social que cuando se enfrenta a una revisión legítima de su persona, puede, en el mejor de los casos, confundirlo con otro linchamiento arbitrario e ignorarlo o, en el peor, haberse acostumbrado a obviar cualquier crítica. Esto también nos pasa a nosotros. Las noticias falsas son negativas no solo porque difundan bulos, sino también porque sirven para desconectar al público de la emoción que debería suscitar un acontecimiento. Cuando el Gobierno de Estados Unidos confirma que conoce la existencia de alienígenas,[23] nos pilla a todos con la piel durísima: los memes nos han hecho inmunes a la sorpresa. Cuando a Pablo Motos se le llama «machista» cada día en Twitter, es más fácil que él entienda que todas esas críticas son iguales y no tienen sentido. Por no elegir bien nuestras luchas, o por pelearlas a medias, son menos efectivas. En palabras de Tony Soprano: «You can't fight every fucking battle».

Por eso, pese a lo que popularmente se piense, pocas cosas hacen más daño a una causa que las débiles incorporaciones espontáneas a la misma. Tenemos que cambiar la forma en la que nos relacionamos con la indignación, o en unos años la sociedad reaccionará ante ella igual que, por desgracia, lo hace ante crisis visibles como la pobreza en nuestras calles: siendo completamente inmune. Debemos despersonalizar las polémicas, enfocarlas a causas mayores y a través de o hacia personas o situaciones concretas. Los grandes estudios de Hollywood, por ejemplo, se están aprovechando de la necesidad humana de buscar un rostro al que culpar y están comenzando a eliminar caras visibles y reconocibles de sus estrategias de comunicación. Es un fenómeno que responde a lo ocurrido con The Weinstein Company, el estudio que fue vendido y despiezado después del escándalo que supusieron los delitos sexuales de Harvey Weinstein. A24, responsable de títulos como *Todo a la vez en todas partes*, es exactamente eso: un entramado en el que las personas

---

[23] En julio de 2023, David Grusch, antiguo oficial de inteligencia de la Fuerza Aérea de Estados Unidos, sostuvo que el Pentágono tiene en su poder restos de naves alienígenas y «restos no humanos».

que toman las decisiones son prácticamente anónimas y cada proyecto es responsabilidad visible de sus artistas. Si el CEO de la empresa es un pervertido, se le aparta, pero la empresa se mantiene. Lamentablemente, este sistema no elimina la estructura que ha permitido este comportamiento.

Cuando, en septiembre de 2021, un joven madrileño denunció una agresión homófoba en la que ocho encapuchados, al parecer, le habían dibujado un insulto con un cuchillo en el culo, toda la sociedad salió a la calle y se inició un lógico y acalorado periodo mediático en el país. Por desgracia, la historia resultó ser falsa. Este caso fue aprovechado por muchos para negar la validez de la lucha del colectivo LGTBIQ+. El secreto para que una reivindicación funcione no es tanto la explosión puntual, por lo general unida a un individuo o a un hecho concreto que probablemente encierre matices.[24] El secreto es ser capaces de mantener esa reivindicación en el tiempo, ajena a modas, a meses de foco mediático o a polémicas puntuales. Así se conseguirán cambios estructurales, y no solo estéticos.

Seremos cinco, pero comerá uno

Y llegamos al día de la polémica. Pablo Motos responde al Ministerio de Igualdad. Lo hace con los elementos que acabamos de explicar: un equipo cercano y reducido de fieles que

---

[24] Los matices están bien. No podría estar más en las antípodas de aquellos retrógrados que están esperando a que, por ejemplo, una víctima de un abuso sexual muestre una actitud festiva para lanzarse a invalidarla. Eso es despreciable, ahora y siempre. Pero imponer como referentes a la víctima de La Manada o a Jenni Hermoso genera, en primer lugar, una presión que ninguna de las dos se merece y, además, nos hace más débiles como sociedad al no poder defender causas sin estar amparadas por el *trending topic*.

refuerzan sus convicciones; una tolerancia amplísima a las críticas que ocurren constantemente en las redes sociales y para las que el presentador no tiene tiempo ni ganas (porque no considera que sean la vida real), y un espíritu combativo que ha pasado, con los años, a elegir nuevos objetivos. Enfrente, el Ministerio de Igualdad, al que «critica con dureza desde hace tiempo», como él mismo afirma antes de comenzar la tertulia. Todos los aspectos técnicos comprobados para ser utilizados a su favor: montajes de los momentos que contradicen la campaña, un regidor dispuesto a sacar efusivos aplausos de la anciana más endeble, música que refuerza la aprobación...

El ingrediente final de toda la puesta en escena eran los invitados a la mesa. Todos, empleados directos de Pablo Motos o trabajadores de la misma cadena. En el mejor de los casos estarían de acuerdo, y en el peor, no se atreverían a decir nada. Todos toman la palabra y, uno por uno, defienden al presentador, con su aplauso final correspondiente.[25] Esta es una de las imágenes más habituales tras una polémica: la del acusado rodeado de su grupo más íntimo, de sus fieles seguidores o de su séquito. La hemos visto en Luis Rubiales gritando «¡No voy a dimitir!» frente a los miembros de la federación de la que él mismo era presidente. Llevaba varios días enfrentado al mundo, un proceso que Manuel Jabois interpreta con agudeza: «Es natural que, en su primera intervención en la cadena Cope, Rubiales haya insultado a todo el mundo que se ha metido con él [...]. Son las declaraciones de una persona que se considera incomprendida por parte de unos supuestos márgenes de la

---

[25] La peor muestra de diversidad que se ha visto en la televisión privada de este país desde que Jesulín de Ubrique fue al programa de Bertín Osborne.

sociedad que no saben de qué va el mundo, y lo siente así porque es poderoso, porque reparte prebendas, porque se rodea y se deja entrevistar por gente que, como él, cree que los que van en dirección contraria son los otros». De nuevo, el aislamiento, pero esta vez mezclado con un repentino salto vital que obliga a cerrar filas.[26]

En la mesa de *El Hormiguero* también estaban las hormigas. Trancas y Barrancas. Estos peluches, a los que dan vida, respectivamente, Juan Ibáñez y Damián Mollá, añaden un inesperado tono a todo lo tratado en el programa. Su condición de muñecos, su existencia entre lo soez y lo adorable, les permite ir más lejos de lo que jamás llegarán los seres humanos sentados a esa mesa. Esto no implica que los autores de sus comentarios no sean colaboradores históricos de Pablo Motos (ya trabajaban con él en el programa de radio) o que no tengan su propia ideología, que no vivan la fama igual que él y que no sean seres humanos de carne y hueso. La maniobra de incluir a estos dos seres en un programa de humor es absolutamente genial. Su humanidad va y viene según lo necesita la incorrección. Incluso el propio presentador es objeto de sus bromas, algo más raro de ver en otros colaboradores. Ellos pueden mofarse del jefe, porque todas sus líneas, improvisadas o guionizadas, se escriben en un vacío cuqui, sin responsabilidades.

Así pues, como decíamos al principio del capítulo, lo interesante no es tanto dilucidar si Pablo Motos es o no ma-

---

[26] Esa homogeneización de perfiles también ocurre en lugares más progresistas, como en los Emmy. Como cantaba Sterling K. Brown en la 70.ª edición, ironizando sobre el fin de la discriminación en Hollywood: «Hay muchísima diversidad en esta habitación, hay desde demócratas hasta demócratas liberales».

chista, ni siquiera incidir en la escasa pertinencia de una campaña que pone el foco en personas concretas, sino comprobar
hasta qué punto una persona en un lugar de responsabilidad
mediática, con todo dispuesto a su favor, puede cambiar de
opinión o pensar que está rodeado de múltiples puntos de vista cuando, en realidad, lo más probable es que cuente con dos.
Mi teoría es que, por desgracia, no puede. Y la voluntad de
este libro no es acusar a Motos de estar equivocado, sino proporcionar herramientas al lector para cuestionar lo que él, o
tantos como él, nos presentan. Herramientas para entender
que lo que muestra el televisor ha sido seleccionado con anterioridad por mentes muy concretas. Mentes que pueden ser
supersticiosas, que pueden vivir aisladas, que pueden creerse
con derecho a grandes logros o que han sufrido algún daño.
Mentes con capacidad de ser peligrosas. Mentes humanas, al
fin y al cabo. La próxima vez que veas una mesa de tertulianos
piensa en este ejemplo para adivinar cuáles fueron las razones
para contratar a cada uno de ellos, a qué intereses sirven o de
quiénes son amigos.

Para calmar cualquier punto de vista, añadiré algo más. Soy
consciente de que Irene Montero, entonces capitana del Ministerio de Igualdad y persona célebre, está sometida a situaciones muy similares a las que puede haberse visto sometido
Pablo Motos. Ella, al igual que él, ha vivido etapas aislada ante
las críticas en redes sociales. Igual que él, ha tomado las decisiones más importantes de su vida rodeada de gente que, o bien
era su pareja, o bien estaba de acuerdo con sus principios. Los
comportamientos descritos en este libro, las tendencias y las conductas son universales y se acentúan a medida que crece la
exposición. Pero en el caso de Irene Montero, al igual que casi

cualquier otra figura política,[27] su comportamiento está sometido a una renovación democrática y puede ser revisado cada cuatro años.

AISLAMIENTO FÍSICO

El mundo está repleto de gente haciendo cosas buenas por los motivos equivocados. Con eso en mente, aquí va una teoría: los famosos se aprenden los nombres de los trabajadores que los rodean porque les hace quedar bien. Esa *influencer* que se interesa por las cotidianidades de su conductor lo hace para que ese mismo hombre diga luego por ahí lo normal, amable y cercana que es. No cuesta nada y queda como Dios. ¿Le importa la vida de Paco, padre de tres hijos, taxista desde los cuarenta y divorciado de su segunda mujer? En absoluto. Si viese a Paco acercarse a ella en una fiesta, llamaría a seguridad. Pero tener esa deferencia es barato y la recompensa es astronómica.[28]

En cualquier caso, se equivoque o no esta teoría despiadada, dicha comunión física no es la norma. En sus vidas, los famosos, especialmente los acaudalados, cuentan con una arquitectura propia: edificios, zonas o tecnologías que permiten su deseada incomunicación. Me refiero a casas en la sierra, espacios vip en aeropuertos, reservados en restaurantes y discotecas, suites en hoteles o incluso aplicaciones para relacionarse solo entre ellos. Hay un entramado económico y empresarial alrededor de la

---

[27] Cof, cof, el rey.

[28] Aunque jamás sepamos si la amabilidad es forzada, sí es fácil deducir que no mostrar un mínimo de interés por el prójimo es una conducta propia de una rata.

privacidad que ansían. Por eso ver a un actor o actriz de Hollywood en el metro es motivo de titular. Porque somos conscientes de que las estructuras que para nosotros son habituales,
como el metro, los restaurantes de comida rápida o las paradas
de autobús, nos pertenecen por defecto, mientras que para una
celebridad suponen una elección. Pudiendo desplazarse en un
cochazo, este tipo ha elegido estar aquí.

Ese contacto breve entre famosos y gente de a pie humani-
za a los primeros y añade normalidad a sus vidas. Un millonario que baja todos los días a por el periódico, una modelo que
decide picar algo en un restaurante de comida rápida o un
político que va a un concierto llaman la atención y, por tanto,
son noticia. Maldita sea, esta televisiva gente es como nosotros.
Keanu Reeves tiene un jodido abono de metro y eso que podría
desplazarse en dragón si quisiese. Así, intentando aprovechar
la cordialidad nacida del fortuito encuentro urbano con un se-
midiós, nacen ficticias muestras de normalidad peatonal. Las
fotos en las que Kendall Jenner finge pasear por la calle con un
ramo de flores, llevando un *outfit* mínimo, con la naturalidad
de quien baja a comprar el pan, son lo que los anglohablantes
llaman *photo opportunity*: oportunidades pactadas y fingidas que
se ofrecen a la prensa, en las que se corta una calle, se diseña el
vestuario, se pasa por maquillaje y peluquería y se vende todo
como espontáneo.

Decidir evitar el contacto con la gente corriente no responde únicamente a un capricho. Puede que el Rubius se fuera a
vivir a Andorra para aislarse y pagar menos impuestos, pero
incluso allí se ha quejado de un «turismo *youtuber*», en el que
españoles viajan al país vecino para intentar encontrarse con él
o con otros de sus ídolos. Ibai tiene un casoplón alejado del

bullicio madrileño, pero aun así ha contado cómo son habituales los curiosos que se acercan a su jardín y le gritan mientras come o se ducha. Harry Styles cuenta con seguridad privada, pero ni siquiera su equipo, sumado al esfuerzo de los Mossos d'Esquadra, consiguió contener la marea de fans que lo acosó en el aeropuerto de Barcelona, a la que correspondió con toda la amabilidad posible mientras pedía calma y firmaba autógrafos. Will Smith cuenta que, en una aldea perdida de Mozambique, una mujer que lavaba su ropa en el río lo reconoció por su disco *Big Willie Style*. Escapar de ese tipo de atención es razonablemente deseable y, a medida que la fama crece, más y más difícil.

Otra función que otorga al famoso el contacto con el mundo real es la falsa sensación de conocimiento. Lo observacional es, desde siempre pero cada vez más, un pilar en la verborrea y la chorrada que sueltan los privilegiados. Introducciones como «El otro día, una amiga me contó...» o «Mientras venía para aquí, el taxista me dijo...» son premisas que carecen de valor y resultan fácilmente manipulables para reforzar cualquier discurso. Pablo Motos utilizaba en la citada entrevista de *El sentido de la birra* un argumento similar para marcar una división entre redes sociales y vida real, entre internet y la calle. «No es la realidad. La realidad es que yo cuando voy por la calle solo tengo gestos de cariño». Cuando hace esa distinción física, está siendo selectivo. Igual que al decir «cuando voy a un sitio me tratan excelentemente bien», está siendo selectivo y no parece darse cuenta de que esos sitios que menciona pueden estar diseñados para ello (por ejemplo, restaurantes con un gran equipo de sala, hoteles con empleados bien entrenados o empresas deseosas de la publicidad que les reporta un cliente famoso) o que su presencia puede modificar los comportamientos a su alrededor. En este sentido, es más precisa la reflexión del cómico americano Michael Che: «En Twitter todo es muy vehemente. Pero luego, si alguien te reconoce por la calle, es como "soy tu mayor fan". Todo el mundo que he conocido en la vida real es mi mayor fan y todo el mundo en Twitter piensa que apesto y que no debería tener trabajo. Obviamente, ni los primeros son mis mayores fans ni los segundos me odian. Pero es una cosa extraña que la gente hace».

La serpiente se muerde la cola. El famoso que presenta un programa de actualidad o que escribe el guion de una película sobre el mundo real hace tiempo que no lo pisa, porque el mundo real le atosiga. Para fingir cercanía, usa de palanca sus limitados contactos con la plebe, apoyándose en ellos para generar un discurso o reforzar sus opiniones (aquello de «El otro día, una amiga me contó...»). Cuántas secciones de televisión o radio, columnas o editoriales, han sido vomitadas solo con pequeñas muestras de humanidad que su autor ha recogido en breves contactos con la calle. Cuántos debates inexistentes se han creado porque al amigo de X le trajeron la comida en mal estado o al primo de Y le ofrecieron droga en la calle o al vecino de Z le cobraron mucho en un restaurante. Cuánto tertuliano basa sus aportaciones en un programa matinal en experiencias de este tipo. Y cuando se equivoca, cuando los demás señalan su desconexión con la realidad, echa de nuevo la culpa a los *haters*, esconde esta polémica entre otras del pasado y vuelta a empezar.

Este tipo de contacto le jugó, de hecho, una mala pasada a Pablo Motos. En uno de sus programas más criticados, el cómico de Requena recibía a las protagonistas de *Las chicas del cable*. Era abril de 2017 y Maggie Civantos, Blanca Suárez, Ana

Fernández y Nadia de Santiago aparecían en *El Hormiguero* para promocionar una de las grandes apuestas de Netflix, la primera serie producida por la plataforma en nuestro país. La primera pregunta marcaría el tono de toda la entrevista. «¿Bailáis reguetón? Ahora las chicas se dividen entre las que saben perrear y las que no». Motos había oído hablar del «perreo» ese mismo día, prácticamente antes de entrar en plató. Unas chicas de su equipo le habían hablado, de forma distendida, sobre esta forma de baile, que presumiblemente desconocía. Y él, como persona aislada que no es capaz de contextualizar este tipo de referencias (en su programa ha ironizado numerosas veces sobre su desconocimiento de otros términos, como *boomer*), tras recibir un punto de vista que consideraba valiosísimo, decidió envalentonarse y enfocar toda la entrevista hacia los bailes, los intereses sexuales y las intimidades de sus invitadas. Estoy convencido de que, sin que esto lo excuse, pensaba que estaba siendo el más moderno, que le tenía cogido el pulso a la actualidad femenina. Todo por un contacto breve en un pasillo.

AISLAMIENTO SOCIAL

La lección más dolorosa que me ha dado mi ridícula dosis de fama, mezclada con una incipiente adultez de la que reniego y algo de inocencia por mi parte, es que no te puedes fiar de nadie. Aprender esto fue doblemente duro para un chavalillo que conoce a sus amigos desde que tenía cinco años y sigue quedando con ellos todavía hoy. Estaba convencido de que la amistad era para siempre, pero recientemente me he dado cuenta de que no todo es amistad. En los últimos tres años he pa-

sado de creer que tenía ochenta amigos a saber que tengo ocho.
El revés emocional que supone la traición es conocido por todos. Nos vuelve recelosos. El revés emocional continuado al que
se enfrentan aquellos que tienen cientos de relaciones es ini-
maginable. Por eso se crean séquitos. Por eso los hermanos se
convierten en representantes; los amigos de la infancia, en se-
cretarios, y los padres, en gestores. Porque el resto te quiere
apuñalar a la mínima que te descuides.

El documental de Netflix *Soy Georgina* es una excelente
muestra de todo lo que pretende desarrollar este ensayo: la relación de la fama con la superstición (Georgina acude a una
tarotista profesional, adivina el sexo del bebé de su hermana antes de nacer utilizando una medalla, acude a Fátima para adquirir medallas y vírgenes que cuiden de su casa y de los suyos,
e ironiza sobre sus poderes llamándolos «Giorgiología»), el
relato que crea el famoso a su alrededor cuando se consolida,
la función que cumple en un sistema capitalista o el aislamiento que experimenta. Sobre este último punto, el documental de
Georgina Rodríguez tiene un valor inconmensurable. Podemos
verla rodeada de guardias de seguridad, saltando entre yates y
villas privadas, siendo rara vez contradicha y habitualmente
reforzada en sus ideas. Y, sobre todo, podemos ver a sus amigos,
a los que Georgina llama «Las Queridas». «Las Queridas», explica Ivana Rodríguez, hermana y parte indispensable del grupo, «nos apuntamos a un bombardeo. Somos las de siempre.
Mamen y Elena […], Sofía, que trabajó con mi hermana, e
Iván». En realidad está hablando de Mamen Morales, Elena
Pina, Sofía Mezquida e Iván García, todos ellos personajes
públicos desde que el documental se estrenó y radiografió sus
vidas en común. Varios de ellos trabajan para Georgina. A Ele-

na Pina se la puede ver, en el documental, acompañando a la modelo en diferentes viajes, pruebas de vestuario y eventos (incluso atendiendo a sus hijos).

Son, cuando se las necesita, compañeras de viaje, consejeras, secretarias y estilistas. Su séquito, su muro, su único contacto con el exterior. «Lo que le da felicidad», comenta Iván en un capítulo, hablando de Georgina, «es la familia, pasar tiempo con la familia y con sus amigos. Porque además es una persona que con su grupo de amigos también forma una familia». «Cuando eres un personaje público todo el mundo se cree con el derecho de opinar, parece que te conocen y no te conocen», asegura su hermana en la misma conversación. Iván era amigo de Georgina cuando ella todavía no había conocido a Cristiano Ronaldo. Ivana, como hermana, la conoce desde pequeña. Intentar replicar este nivel de compromiso y entendimiento entre dos personas es muy difícil, más todavía siendo Georgina una persona incapaz de estar segura de si la gente se acerca a ella por motivos oscuros: conseguir dinero, contactar con su pareja, querer aparentar amistad, etcétera.

Así se genera otro efecto circular. Los famosos creen que nadie los conoce realmente, y que si lo hiciesen, se sorprenderían o cambiarían su opinión de ellos, pero no dejan que nadie los conozca, porque no se fían o porque no tienen tiempo ni capacidad para crear nuevas amistades. En la citada entrevista de Pablo Motos para el pódcast de Ricardo Moya, aseguraba: «Ni el jamón le gusta a todo el mundo. […] Yo entiendo que puedo generar cierta controversia entre gente que me odia o que tiene prejuicios porque a lo mejor no se ha tomado una cerveza conmigo». Todos los años, alguna publicación crea una lista de famosos españoles con los que la gente de a pie se iría de cañas.

Rafa Nadal, Dani Rovira o Joaquín Sánchez suelen salir elegidos. Más allá de dudar de la efectividad de compartir una cerveza para conocer a alguien, lo que pone en evidencia el testimonio de Motos, en oposición a los *rankings* espumosos, es que los famosos no creen que los conozcamos, mientras que nosotros parecemos saber perfectamente quiénes son. Es lógico que un bar sea el terreno de batalla en el que cualquier famoso quiera batirse para demostrar su normalidad: siempre que ha estado allí con sus amigos la cosa ha salido bien.

Mánagers y trabajo que asfixia

El mánager de Georgina, Ramón Jordana, es otra figura indispensable en su vida. No parece que equivalga a una amistad como la de Las Queridas, pero encarna esa figura del valido medieval, aquellos individuos a los que reyes o nobles confiaban sus deseos más mundanos. Jordana es la voz de Georgina cuando ella no la tiene. Es, como indica su oficio, su representación física. Los representantes son la figura más retorcida del aislamiento en el que se edifica la fama. En su versión más positiva deberían ser hombres y mujeres que conocen el mundo del espectáculo, que pueden gestionar las fronteras a las que actores, presentadores o humoristas no llegan. Individuos capaces de entender el perfil de sus clientes y convertirse en su extensión, obteniendo el mayor beneficio para ambas partes.

Pero, por desgracia, en un porcentaje altísimo de casos, los agentes son personas prescindibles, intermediarios estáticos entre el éxito de su cliente y la avalancha de ofertas que le llegan. Su forma de vida se basa en retrasar logros para hacerlos pasar por propios; son profesionales que solo funcionan cuando todo va bien. Preguntes a quien preguntes, la mayor parte de las experiencias con representantes son malas. Periodistas o directores de festivales se tiran de los pelos por el muro que suponen. Vale que una entrevista para el *Diario de Socuéllamos* o un guion para una *webserie* es algo que Luis Tosar no necesita realmente, pero la sequedad y la indiferencia no deberían ir implícitas. Hace poco, un director de cortometrajes me contaba cómo, para contactar con Karra Elejalde, lo había intentado primero a través de su representante. Solo recibió largas. Cuando por fin consiguió el contacto directo del actor de *Ocho apellidos vascos*, este montó en cólera con su *repre* porque no le había dicho nada sobre el cortometraje. Acabó protagonizándolo.

Georgina y Ramón discuten con frecuencia y este no forma parte de su cortejo, para el que ella solo necesita a sus amigas. El representante es necesario, la separa de la hostilidad de las negociaciones económicas (aunque es cierto que Georgina, como empresaria, se involucra en muchas decisiones que otras *celebrities* delegarían) e incluso de alguna física, como se cuenta en el tercer capítulo de la segunda temporada. Durante el corto trayecto en el que la modelo se dirige al coche que la espera en Gran Vía de Madrid, se encuentra con unos fans que le piden una foto. Jordana le ofrece asistencia para aligerar el proceso y se encarga de apremiar al coche para no crear un caos[29] en ese escueto espacio, físico y temporal. Entre ellos hay una relación laboral devenida en personal, y no al revés. Mientras tanto, Las Queridas son, en sus palabras, tanto necesidad como

---

[29] Caos, lo que se dice caos, no se iba a producir, pero Netflix de pronto decide coger la cámara, ponérsela al hombro y rodar esa secuencia como si Georgina fuese Tom Hanks en *Salvar al soldado Ryan*.

divertimento. Y Georgina siente que la conocen de verdad, quizá como nadie más en el mundo. Ellas, por supuesto, se benefician de su amistad. Además de, suponemos, por el apoyo o la complicidad que pueda generarse en cada contacto, Georgina no escatima en regalos. «Me voy a Cerdeña, ¿quién se viene?», escribía por el grupo de WhatsApp en la segunda temporada de la serie. Todas acudieron a la llamada.

Dentro de su hermetismo, Georgina puede considerarse una privilegiada. Sigue contando con un grupo de confidentes, por muy reducido que sea. No siempre es el caso. Hace tiempo, Pedro Almodóvar contaba así su relación con la soledad durante el verano madrileño:

> Yo he llegado a esta situación de aislamiento casi total como resultado de no responder a los demás, por no haberme trabajado verdaderas relaciones de amistad o desatender las que tenía. Mi soledad es el resultado de no haberme preocupado por nadie excepto por mí mismo. Y poco a poco la gente desaparece. Días como hoy, mi soledad es un peso enorme, no importa que ya esté habituado, que sea un solitario experto. No me gusta y en muchas ocasiones me provoca angustia. Por eso debo estar involucrado siempre en el proceso de creación de una película, pero, aunque así es en este momento, con tres proyectos a la vista, siempre hay días de fiesta, la maldita Semana Santa, en la que mi actividad se paraliza porque la gente de mi oficina no trabaja y los pocos amigos y mi hermano salen de Madrid.

El trabajo, en altas esferas donde la exigencia crece, puede transformarse en un agujero negro, en un elemento de aislamiento. También reflexionaba de manera similar el director

Xavier Dolan en una entrevista reciente, en la que decía querer construirse una casa en el campo:

> El oficio artístico aísla, en ocasiones, por su exigencia. Tantas horas empleadas, tanto esfuerzo, ¿para qué? ¿Se da cuenta alguien? Los que ayer te aplaudían hoy te critican, los que decían que eras una promesa parecen haberse olvidado de ti.

Nada acrecienta más la percepción de abandono que estar rodeado de gente y sentir que estás solo. Al final, poniéndonos tiernos, un famoso suele ser eso: una persona que nos pide, a cada uno de nosotros, que nos tomemos una cerveza con él. Y que, cuando se da cuenta de que eso es imposible, se deprime.

Aislamiento emocional

En la segunda temporada de *Soy Georgina* se describe un hecho traumático en la vida de la *influencer* y empresaria. Embarazada de mellizos, pierde a uno de los dos bebés durante el parto. Este desgarrador evento lleva, como es perfectamente razonable, a que se aísle tanto a nivel físico como emocional del resto del universo, que considera hostil: «No quería llevarlos al cole [en referencia a sus otros hijos], que las mamás me viesen, que me mirasen. No quería aceptar la pérdida, el consuelo de las personas. Había silencios. A cada sitio que iba había silencios, todo te lo hacía recordar».

Cuando un famoso, una persona con recursos suficientes, sufre un episodio traumático o estresante, es habitual ver este tipo de comportamientos. Se eliminan las redes sociales (más sencillo que si las necesitas porque estás buscando trabajo), se deja de interactuar con el mundo (más sencillo si tienes a alguien que lleve a tus hijos al colegio que si debes llevarlos tú) o se toman unos días de retiro (difícil si tu trabajo no te lo permite). En ocasiones, como sin duda es el caso de Georgina, la facilidad para la incomunicación es directamente proporcional a la dureza del acoso recibido, a la atención de los medios o a la insistencia de los curiosos, ya sean seguidores o morbosos. Frente a este episodio, Las Queridas también actuaron como soporte emocional. Ya lo habían sido antes, cuando nada presagiaba un doloroso desenlace, ayudando a Georgina a montar la habitación de los bebés, pero la sensación de familia se reforzó en esas horas difíciles. Acudieron para cambiar la decoración de su casa y evitar referencias al bebé fallecido, para darle apoyo y facilitarle la vida. ¿Qué habría ocurrido si Georgina no hubiese podido contar con esta reducida pero efectiva red de amistades?

La revista *¡HOLA!* publicaba en abril de 2023 una entrevista a Ana Obregón en la que relataba su experiencia al encargar a la hija de su hijo fallecido, Alessandro, por gestación subrogada. Cuando el cáncer consumió la vida de Aless, la actriz y presentadora viajó hasta California con su material genético para construir una nueva vida. Su duelo había encontrado en este proceso la única salida posible, y eso que la gestación subrogada implica diversos debates éticos y económicos: los riesgos en la salud para la mujer gestante, el efecto que tiene esta realidad en el niño mientras crece, el mercadeo producido (no es legal comprar un órgano, pero sí un bebé), las consecuencias psicológicas para la madre gestante, etcétera. Para que Ana Obregón pudiese recorrer ese camino lleno de dudas y críticas externas, su única opción era aislarse emocionalmente. Rodear-

se solo de aquellos que jamás la cuestionarían. Porque podía
pagar su colaboración, porque eran familia o porque era un bebé
y no podía cambiar de opinión.

La entrevista a Ana Obregón y sus posteriores exclusivas
muestran el efecto que tiene un gran impacto emocional en
altas esferas de la fama. Son una guía de lo que ocurre cuando
a una persona que lleva toda su carrera desconfiando del resto
del mundo le arrebatan al único ser humano que jamás la traicionaría: su hijo. Un hijo con el que, además, y debido a sus
exigencias laborales, siempre ha guardado una relación de compromiso, de necesidad de compensación, de deuda que pagar
ahora con esta nueva adquisición: en la entrevista, confiesa que
era un horror abandonar a su hijo para ir a grabar *¿Qué aposta-
mos?* El dolor es tan extremo que Ana entendió que la única
salida era diseñar, de nuevo, otro retoño. Crear desde cero otra
persona en la que poder confiar siempre. Esta vez, eso sí, sin una
pareja con la que criarlo, porque el recelo era absoluto. Una
persona que menciona sutilmente que antes de nacer esa niña
estaba pensando en quitarse la vida es una persona que no podía
permitir que nadie estuviese en su contra, ni siquiera que ralen-
tizase el proceso. Es una mujer sin un ápice de fuerza para com-
batir, para argumentar. Una mujer que era puro sentimiento de
pérdida, pues acababa de ver cómo fallecían también sus padres.

La justificación de la actriz para llevar a cabo este proceso
de gestación subrogada es que su hijo había verbalizado, como
última voluntad, tener descendencia incluso si fallecía a causa
del cáncer que finalmente acabó con su vida.[30] La entrevista de

---

[30] No hay, en ese testimonio, un apunte que diga: «Y a toda costa, ¿eh? Si tenéis que ir a Los
Ángeles para pagar una millonada a una señora desconocida, cogéis y lo hacéis». Pero quién
va a conocer mejor a un hijo que una madre. La maternidad y la paternidad, esos soplos de

abril de 2023 está repleta de testimonios que refuerzan el aislamiento emocional que Ana Obregón desarrolló para poder llevar a cabo la compra de su hija: defiende que si hay opiniones en contra, no admitirá ninguna. Solo la de un padre o una madre que hayan enterrado a un hijo. Incluso encontramos referencias a los aislamientos físicos mencionados anteriormente, cuando Ana asegura que en Estados Unidos ha sido felicitada en diversas ocasiones por el nacimiento, desde los médicos hasta las enfermeras y los pediatras. Lástima que después añada que prácticamente no se ha movido de un pequeño apartamento. Es fácil observar, igual que ocurría con las palabras de Pablo Motos cuando hacía referencia a su experiencia en la calle, que si Ana Obregón vivió durante los días que pasó en Miami una sensación de refuerzo, se debió a que todos y cada uno de los contactos que tuvo estaban diseñados para producir esa misma sensación. Más allá de sus propias convicciones, los médicos pagados por una particular que decide obtener un niño por vientre de alquiler son una fuente tan objetiva para hablar de este método de gestación como los empleados de McDonald's cuando les preguntas qué tal está el nuevo McFlurry de Donettes.[31]

Por supuesto, también hay referencias a la superstición y a la religión, que, como veremos en el quinto capítulo, son el camino más rápido para alcanzar la autovalidación. Para empezar, revela una relación personalísima con Dios, con el que habría estado muy enfadada, para luego amigarse. Luego, pleno

---

inspiración divina por los cuales uno sabe siempre qué le pasa a su hijo. Se parece bastante a esa sensación que tenemos los hijos y nos permite entender a nuestros padres mejor de lo que se entienden ellos mismos.

[31] Sin más, la verdad. No lo entendí muy bien.

conocimiento del más allá, pues sabe que la niña quería nacer y su padre estaba de acuerdo, desde el cielo. O mención a la suerte y a las energías, sea lo que sea eso.

Se trata, en definitiva, de un comportamiento que se repite en muchísimos casos de grandes niveles de fama. La búsqueda, en la familia, de un bastión emocional, de una fortaleza en la que, al contrario de lo que ocurre en el mundo exterior, no sean cuestionados. Las parejas también cumplen esta función. Aunque los divorcios sean más habituales, un hijo te puede dar la razón sin mucho jaleo durante veinte años si lo educas con la presión suficiente; un novio o una novia… pues habrá que ver cómo sale eso. Se puede entender la sujeción anímica que supone una relación si volvemos a cualquier discurso de agradecimiento de los Oscar, si revisitamos *A Star Is Born* o si pensamos en todas las veces que el mundo nos parecía hostil y alguien a quien queríamos nos abrazó mientras nos decía que éramos guapos, listos y unos osillos adorables. Es imposible escalar los riesgos que trae consigo ser un personaje público sin cables que nos sujeten con la fuerza suficiente.

Me gustaría acabar citando a David Trueba. En este párrafo de su ensayo *La tiranía sin tiranos*, Trueba resume con exactitud los problemas que la unidad familiar provoca a la hora de cuestionar este sistema desde dentro:

> La tendencia de todos los grandes países hacia el individualismo nacional es paralela a la tendencia natural de las personas a considerarse a sí mismas y a los suyos merecedores de mejores atenciones y cuidados que los demás. Vuelve de pronto el cariño paternal, la caricia maternal, y todos somos niñoides. El yo contra el ellos, el selfie contra el protagonismo ajeno. Esto

me lleva a recordar aquella certeza de mi amigo el guionista Rafael Azcona, que me hacía ver que todos los regímenes totalitarios habían fracasado a lo largo de la historia por no atreverse a destruir la familia y el vínculo familiar. Esa fuerza social minúscula, expresión más cercana del poder y la complicidad, acaba venciéndolo todo. En la familia la ternura basta para justificar los daños a otros, nos queremos mucho, luego nos perdonamos mucho, somos indulgentes con nuestros crímenes. La ternura, pues, podría convertirse en monstruosa.

IV
PEDIR PERDÓN

El 27 de marzo de 2022, durante la 94.º edición de los premios Oscar, el actor Will Smith subió al escenario para abofetear a Chris Rock. El humorista, que presentaba el galardón a mejor largometraje documental, acababa de hacer un chiste sobre el pelo de Jada Pinkett Smith, pareja del actor de *El príncipe de Bel Air*, comparando su look con el de Demi Moore en la película *G. I. Jane*. Millones de espectadores pudieron presenciar el mandoble en directo, debatiendo al principio si se trataba de un *sketch* o si, como ciertos detalles indicaban (la violencia del acto, el hecho de que Will Smith no llevase micrófono), todo era real. El vídeo de la torta batió récords de visitas. Alrededor de ese instante se han escrito columnas, realizado monólogos y confeccionado todo tipo de memes. Es uno de los momentos más icónicos de la cultura popular reciente.

Minutos después de haberle cruzado la cara a Rock, Smith ganaba el Oscar a mejor actor protagonista. Con la estatuilla dorada en la mano, comenzaron las primeras justificaciones. A partir de ese instante se desarrollaría lo que los americanos ya llaman *apology tour*, es decir, una gira para pedir perdón, un viaje de arrepentimiento público en todos los formatos posibles.

Parece que, desde hace años, ser famoso va unido a decir «lo siento». Las dimensiones que ha alcanzado la fama en el último siglo son directamente proporcionales al tamaño de sus errores, lo que equivale a loquísimas muestras de remordimiento. El público está tan acostumbrado a estos procesos, que podemos hablar de estandarización de sus mecanismos, pero también de fuertes desviaciones de la norma. Un comportamiento humano tan básico como la disculpa se ha desnaturalizado por completo, convirtiéndose en un arma más para construir o derribar la imagen pública de un individuo. Merece la pena detenerse en las técnicas para buscar clemencia por parte de los que lo tienen todo, ya que pueden arrojar información sobre la misma naturaleza de la fama.

Cómo se cometen errores

Si un actor quiere un Oscar, necesita hacer campaña. Una buena interpretación ayuda, por supuesto. Pero una vez la película ha sido valorada positivamente y sus responsables (por lo general, un estudio) deciden enviarla en busca del máximo premio posible, toca promocionar cada candidatura. En realidad, las normas de la Academia de las Artes y Ciencias Cinematográficas prohíben cualquier clase de búsqueda de votos. Lo que el interesado debe hacer es dedicarse en cuerpo y alma a hablar de su trabajo usando cualquier mecanismo que no parezca publicitario: mesas redondas, entrevistas, proyecciones para críticos o miembros de la industria o, ejem, vallas publicitarias.[32] El

---

[32] Aunque las campañas de los Oscar pueden ser agresivas, los Globos de Oro siempre han

coste de una campaña de estas características puede llegar hasta los quince millones de dólares.

Estas operaciones mediáticas son extremadamente agresivas con aquellos que las protagonizan. El Will Smith que, el 27 de marzo de 2022, estaba sentado en primera fila del Kodak Theatre de Los Ángeles llevaba meses vaciando su alma. No solo había bailado sus canciones más conocidas en todos los platós posibles o participado en cualquier juego que se le hubiese ocurrido a Jimmy Fallon. También había discutido las infidelidades de su mujer ante el mundo entero o confesado haber visto a su padre agredir a su madre: «Cuando tenía nueve años, vi cómo mi padre pegaba un puñetazo a mi madre en la cabeza, tan fuerte que hizo que se desmayara. La vi escupir sangre». Cuando Chris Rock salió al escenario e hizo el chiste sobre Jada Pinkett Smith, Will Smith no guardaba dentro nada más que aportar al espectáculo. Solo le quedaba derrumbarse.

La fama siempre ha estado relacionada con el triunfo de la personalidad del famoso. Sin embargo, nunca antes esa personalidad había estado tan expuesta como aquel día. El trabajo ya no es suficiente; las entrevistas, tampoco. La audiencia pide más. Internet ha supuesto, en muchos casos, una forma de ampliar esa capacidad de acceso. El propio Will Smith tiene canal de YouTube en el que comparte anécdotas de sus viajes, confesiones sobre su carrera o resume el cumpleaños de su hijo. Es la disponibilidad total, poder llegar a quien queramos sin res-

---

sido los premios más corruptos de Hollywood. Se rumorea que Taron Egerton invitó a su cumpleaños a todos los miembros de la Asociación de la Prensa Extranjera de Hollywood para conseguir su nominación por *Rocketman*. Elton y él cantaron un par de temas en la fiesta. Finalmente se llevó la estatuilla.

tricciones de horario ni ubicación, la personalidad mostrada de forma en apariencia cruda, sin ediciones. Precisamente, cuando pensamos en los *streamers*, aquellos que dedican más horas del día a mostrarse, también encontramos un mayor número de polémicas. Generaciones enteras llevan años exponiendo sus opiniones, gustos y carencias en las redes sociales. Es razonable pensar que, si escarbamos en su pasado, aparecerán tuits que han envejecido mal, testimonios difíciles de explicar o ventanas abiertas que precisan justificación. Retransmitir una vida en directo implica airear intimidades, hacer públicas partes de la personalidad de uno que jamás deberían haber salido de la esfera privada.

El cómico Florentino Fernández protagonizó, mientras promocionaba una película, una desafortunada polémica al asegurar, en una entrevista al diario *El Mundo*, que si no hay más mujeres cómicas no es una cuestión de sexos sino de talento. Junto a esa frase, la entrevista asegura que el humorista añadió que en Andalucía hay un talentaco de la hostia porque hay muchas horas de sol y un ambiente de la hostia. Flo proponía que, si te vas a Dinamarca, no hay cómicos, porque está todo oscuro y la gente está casi que a ver qué puede hacer para no suicidarse. Cóctel explosivo: individuo tremendamente famoso más entrevista en un medio de gran alcance más opinión sobre un tema candente.

Los errores que Florentino Fernández haya podido cometer en sus declaraciones son fáciles de corregir con datos. Por ejemplo, en lo que respecta a la relación entre buen tiempo y sentido del humor, Reino Unido tiene menos horas de luz que un país como Albania y, aun así, del primero salieron los Monty Python. Hay otros elementos externos al humorista, como su idioma o la fuerza de la industria audiovisual de su entorno, que son mucho más definitorios que la lluvia o el sol. Las razones por las que existen menos mujeres dedicándose al humor son numerosas y complejas, mucho más que la reducción a una simple cuestión de talento: machismo estructural, dificultades en el contexto cultural, reformulaciones sociales. El mismo Flo rectificó horas después de la publicación de la entrevista, asegurando que «[…] mis compañeras cómicas han estado siempre con problemas y prejuicios. La sociedad parece que las ha dejado como de lado».

En las disculpas de Flo hay un detalle para advertir cuál es, casi siempre, la preocupación primaria del famoso. En el vídeo subido a sus redes, el actor y presentador aseguraba lo siguiente: «Por encima de todo, quiero igualdad de oportunidades para cómicos y para cómicas. Siento este follón porque yo no soy así». Ese «yo no soy así» también aparece en las disculpas emitidas por Drew Barrymore cuando se retractó de su decisión de empezar a grabar la cuarta temporada de su programa en la CBS a pesar de la huelga de escritores que paralizaba Hollywood. «Jamás quise estar en un lugar en el que poder hacer daño o molestar a alguien. No soy así». El luchador ruso Jabib Nurmagomédov, después de salir vencedor de su combate contra Connor McGregor, pidió disculpas por haber saltado la valla para agredir al equipo de este, empleando la misma fórmula: «Lo siento, Las Vegas, no soy así, estaba caliente. Siento lo que pasó tras la pelea, este deporte significa respeto, pero soy humano y cometo errores». Es una constante habitual. Aquellos que han llegado tan alto cayendo bien, apoyándose en quienes son, sienten al equivocarse que esa parte de su identidad se tambalea. Antes de pensar en aquellos a los que han hecho daño, corren a proteger la ilusión que les sostiene, que son buenas personas al completo.

Los errores también pueden cometerse por la ausencia de preparación. Esto lo explica estupendamente David Trueba, de nuevo, en *Tiranía sin tiranos*:

> Vivimos en la era de la exageración, no de la prevención de daños. Contaré la anécdota de un amigo cineasta que rodaba una escena con cientos de figurantes. La producción, para ahorrar, no había contratado, como es habitual en escenas de mucho personal, ningún servicio de ambulancia y primeros auxilios. Cuando alguien se lesionó gravemente corrieron todos al hospital compungidos. La ternura tardía, de nuevo.
>
> Al día siguiente el rodaje contaba con tres ambulancias móviles y un hospital de campaña. No es pues un esfuerzo preventivo el que nos guía, sino una exageración posterior, porque así nos liberamos de la culpa, aunque sea tarde y mal. [...] Lo que buscamos no es la justicia y el bienestar, sino que no se nos pueda culpar de indiferencia, de ser indolentes. Cada vez hay más departamentos de control de daños, de manipulación de la respuesta mediática, y menos deseo de hacer las cosas bien cuando nadie nos mira.

Evitar la culpa por encima de asumir la responsabilidad. En el texto de David Trueba reside otro aspecto importante a la hora de analizar los fallos en nuestro presente, y es que también pueden cometerse de forma colectiva. Una empresa puede hacer las cosas mal, igual que un país. Sus jerarquías albergan profesionales más preocupados por saber qué hacer tras esos errores aparentemente inevitables que por gestionar cambios estructurales que los prevengan.

AUSENCIA DE BRÚJULA

Como hemos visto, las equivocaciones del famoso no tienen peso objetivo. Se recrudecen o suavizan según sean advertidas. Su gravedad es directamente proporcional a lo alejadas que estén de lo que se espera de él. Entre otras razones, la bofetada de Will Smith resultó más impactante todavía por la percepción que este siempre ha buscado transmitir sobre sí mismo. Es divertido, entrañable y familiar. Si Charlie Sheen o Mel Gibson hubiesen subido al escenario a repartir galletas, la imagen de ninguno habría salido ilesa, pero habría más concordancia entre su locura momentánea y lo que el público cree saber de ellos. Para que la fama se sostenga, es preciso mantener también la ilusión de que no existe disociación entre lo que el mundo ve y lo que el famoso muestra.

Otra de las particularidades de lo ocurrido con la torta fue su retransmisión en directo durante un multitudinario evento. Normalmente, tanto los involucrados en una polémica como cualquier otro famoso que quiera opinar sobre ella tienen un mínimo margen de tiempo para dar su versión de los hechos. Esto favorece la aparición de tendencias: cuadrados negros en Instagram, *Je suis Charlie* en la foto de perfil, hashtag #SeAcabó.[33] Se calcula la temperatura, se analiza la reacción del públi-

---

[33] En octubre de 2023, el cómico Ryan Long subió un vídeo parodiando a un actor que no sabe cómo posicionarse en el conflicto entre Palestina e Israel. «Solo quiero poner una bandera y olvidarme del tema», «Entre tú y yo, cuando veo a un grupo de gente marrón manifestán-

co y se emite una respuesta conjunta. Los famosos que presenciaron el sopapo tenían por delante una agenda de alfombras rojas por las que pasear, preguntas de la prensa a las que responder y fotos de sus looks que subir. Esto propició una inédita e inmediata explosión de opiniones. Se abarcaban todo tipo de puntos de vista, como el de Tiffany Haddish, que defendía que lo ocurrido era «una de las cosas más bonitas que he visto en mi vida, porque me hizo creer que todavía hay hombres que aman y se preocupan por sus mujeres», o el de Amy Schumer, que pensaba que ambos habían mostrado comportamientos tóxicos, o el de Zoë Kravitz, asegurando que estábamos ante un acto de violencia intolerable e inexcusable.

Los ciclos mediáticos ofrecen el tiempo justo al famoso para que pueda analizar sus comportamientos. Por tanto, la unidad de medida de sus posibles errores es la magnitud de la respuesta que provocan. Esto tiene una primera aproximación claramente positiva. El famoso se puede dar cuenta, gracias a una mayor indignación popular, de partes nocivas de su personalidad. Es más, esta fuerza democrática tiene aplicaciones mucho más trascendentales que un simple correctivo a un *instagramer*. Sin este poder, cómo explicaríamos el que quizá sea el perdón más mediático de la historia de nuestro país: cuando Juan Carlos I se lamentó por haber ido a cazar elefantes a Botsuana con un tímido «Lo siento mucho. Me he equivocado y no volverá a ocurrir» pronunciado en un descansillo del hospital USP San José en abril de 2012. Y, por qué no, su posterior abdicación.

---

dose, es una apuesta bastante segura ponerse de su lado» o «Veo que Kyle Jenner apuesta por Israel, pero luego la machacan por ello, así que no es Israel» son algunas de las perlas con las que ironiza sobre la ligereza con la que los famosos manipulan una causa para usarla en beneficio propio. Está en YouTube y son tres minutos.

Puede no parecer mucho, pero casas reales y dirigentes de todo el mundo han mostrado arrepentimiento en tiempos recientes por actitudes completamente normalizadas hace no tanto. Desde el rey de Países Bajos, pidiendo perdón por la participación de su linaje en el comercio de esclavos, hasta Alberto de Mónaco, arrepintiéndose en público por el papel que tuvo su país en el exterminio judío de Hitler, cada vez hay más muestras de que el mundo tolera menos las injusticias de los poderosos.

Por desgracia, incluso detrás de estas excepciones, lo que el enfado colectivo suele conseguir es poco más que un testimonio fingido. Cuanto más virulento y repentino sea este cabreo, menos revisará el famoso sus actos por lo que suponen, terminando únicamente por prestar atención a la repercusión en su trabajo. A pesar de recibir luces rojas sobre las implicaciones de su comportamiento, mientras no exista un castigo, se sigue adelante. Si surge un problema, ahí sí aparecen múltiples justificaciones, sentidos textos en solemne letra blanca sobre fondo negro. Días en los que ejercer control extremo sobre informaciones que puedan perjudicarles, que contrasta con la búsqueda de cobertura ilimitada que persiguen el resto del año. La sensación de aislamiento, de trinchera, hace que todo lo que le ocurre al famoso tenga que ver con él, con su experiencia. No hay responsabilidad hacia los demás.

Estas dinámicas consiguen que el famoso no sea alguien comprometido por convicción, sino por conveniencia. Por supuesto, el termómetro de una equivocación no siempre viene de la calle. Gobiernos, empresarios o patrocinadores suelen ejercer presión para que un famoso corrija comentarios o acciones que puedan poner sus intereses en riesgo. En 2021, el actor John Cena dijo, mientras promocionaba *Fast and Furious 9*, que Taiwán sería el primer país en poder ver la película. Aunque Taiwán es una isla democrática autónoma, China la reclama como su territorio, y considera una línea roja reconocer su independencia. Teniendo en cuenta lo importante que es la taquilla de China para un estreno mundial como *Fast and Furious 9*, Cena se vio obligado a emitir una disculpa en Weibo, una red social similar a Twitter usada en Asia. «Lamento mi error», dijo Cena, sin hacer una referencia clara a lo que se refería. «Amo y respeto aún más a China y al pueblo chino», sentenció en un solvente mandarín que lleva años aprendiendo. Quizá, vaticinando el día en el que tendría que, por motivos económicos, posicionarse en un conflicto político que muy probablemente no le importe.

Muchas veces, las razones por las que un famoso no sabe cómo actuar se deben a una distancia entre su realidad y la del conflicto generado. La fórmula suele repetirse. Una persona popular lleva años dedicándose a lo mismo. Las nuevas generaciones no conectan con su trabajo, lo que se traduce en críticas o pérdida de interés por su carrera. Esta persona podrá intentar adaptarse o, lo que es más habitual, buscar encerrarse en lo que cree saber. Douglas Adams, autor de la novela de ciencia ficción *Guía del autoestopista galáctico*, tiene una frase que resume a la perfección cómo interpretamos el mundo según la edad que tenemos:

Todo lo que está en el mundo cuando naces es normal y común y es solo una parte natural de la forma en que funciona el mundo. Todo lo que se inventa cuando tienes entre quince y treinta años es nuevo y excitante y revolucionario y probablemente puedes hacer una carrera en eso. Todo lo inventado después de que tienes treinta y cinco va en contra del orden natural de las cosas.

En ocasiones, la desconexión generacional no solo favorece el orgullo de lo caduco, sino que también refuerza la arrogancia de lo nuevo. A este respecto, Barack Obama ha sido muy claro a la hora de hablar de la cultura de la cancelación, y sus palabras merecen ser escuchadas:

> La gente que hace grandes obras es imperfecta. Aquellos contra los que luchas probablemente quieran a sus hijos. Y compartan ciertas cosas contigo. Y creo que el peligro que veo entre la gente joven […] es la sensación, en ocasiones, de que su forma de cambiar las cosas consiste en juzgar todo lo posible a los demás. Con eso les basta. Si tuiteo o pongo un hashtag sobre alguien que se ha equivocado, o que ha usado la palabra o el verbo equivocado, puedo relajarme y sentirme bien conmigo mismo. Eso no es activismo. Eso no es cambio. Si todo lo que haces es lanzar piedras, no vas a llegar muy lejos.

A lo que cualquiera debería aspirar es a desarrollar una personalidad. Una guía que nos sirva de criterio propio, que nos permita apoyarnos en contadas convicciones para reformular otras. Digamos que las mejores mentes son aquellas capaces de renovarse constantemente, manteniendo unos sólidos principios. Si cada vez parece más difícil saber qué hacer o qué decir, quizá estemos perdiendo la capacidad de mirar hacia el futuro aprendiendo del pasado. La televisión es ajena por completo a este tipo de funcionamientos. En palabras de un presentador con el que he trabajado, «si el programa de hoy se parece mucho

al programa de ayer, los que mandan lo consideran un éxito».
No hay tiempo ni ganas para invertir en autocrítica, sino que
todo se moderniza cuando no queda otra. Como parecemos
condenados a equivocarnos, veamos al menos cómo debemos
disculparnos.

CÓMO (NO) DISCULPARSE

El 4 de diciembre de 2018, la Academia de las Artes y Ciencias
Cinematográficas anunció que Kevin Hart presentaría la gala
de los Oscar de 2019. Hart es un actor y cómico estadounidense, una de las estrellas más potentes del entretenimiento mundial. Es uno de los humoristas más rentables de la historia, ha
participado en grandes éxitos de taquilla (desde la saga *Scary
Movie* hasta las nuevas entregas de *Jumanji*) y ha estado nominado a los premios Grammy y Emmy. Sin embargo, horas después de hacer oficial el anuncio, Twitter devolvía una respuesta
en forma de indignación, pues varios usuarios de esa red social
consideraban que Hart tenía material homófobo en su pasado,
tanto en sus primeros especiales de *stand up* como en tuits publicados de 2009 a 2011. En su chiste más polémico aseguraba
que uno de sus mayores miedos era ver a su hijo crecer y des-
cubrir que era gay, ante lo que actuaría de forma violenta contra él.[34]

El documental *Don't F**k This Up* resume de forma fiable la
polémica, aunque sea desde la perspectiva de Hart y su equipo.

---

[34] Redactar un chiste fuera del escenario es eliminar el contexto que hace posible su mera
existencia, pero sin describirlo no puedo avanzar.

Emitido en Netflix, se trata de una serie documental de seis episodios. A pesar de que su origen y diseño responden a la controversia suscitada por el anuncio de los Oscar, *Don't F**k This Up* emplea sus cinco primeros episodios en ampliar la personalidad de su protagonista, para dedicar el sexto a lo ocurrido. Como hemos visto, esta suele ser una maniobra habitual en el universo de la fama. Ante una desconexión entre el público y el famoso, se reintroduce su figura. ¿Acusado de ser machista? Subamos una foto con su madre, nada como una muestra de la importancia de las mujeres en su vida. ¿Un político parece demasiado mayor para el cargo? Nos aseguramos de que el país lo vea haciendo deporte. El problema no es que él tenga defectos, sino que, como no lo conocéis, no podéis valorar su personalidad con la misma fiabilidad que poseen aquellos que lo rodean. Así, Hart dedica casi seis horas de material a revisar su biografía: la dureza de sus inicios, su relación con su madre, la adicción de su padre a las drogas, su compromiso con el trabajo, su exigencia consigo mismo… También aprovecha para enseñar otras polémicas y mostrar cómo ha madurado: su divorcio, su infidelidad a su actual mujer mientras ella estaba embarazada, puntuales conflictos con su equipo, etcétera.

Lo acontecido alrededor de los Oscar y Kevin Hart es llamativo, porque, al contrario de lo que suele ocurrir en estos casos, donde una disculpa prefabricada surge de forma casi inmediata para aplacar cualquier controversia, Hart optó por no pedir perdón. Subió un primer vídeo (tirado en la cama, con actitud indiferente, o como un miembro de su equipo recuerda, «con tres cadenas al cuello que le hacían parecer Mr. T») en el que sencillamente decía: «Tengo casi cuarenta años, si no creéis que la gente evoluciona a medida que envejece, si buscáis sujetar a la gente en una posición donde siempre tengan que justificarse o explicarse, empezad por vosotros». Luego la Academia le exigió que emitiese una disculpa. Hart entendió este movimiento como un ultimátum y decidió no seguir adelante: «He decidido pasar, paso de disculparme. La razón es que ya me he referido a este tema en varias ocasiones.[35] […] Estamos alimentando a los trolls de internet y los recompensamos. No voy a hacerlo. Voy a ser yo mismo y voy a mantener mi postura. En cualquier caso, agradezco la oportunidad a la Academia». Dos horas después continuó con unos tuits en los que sí pedía perdón a la comunidad LGTBIQ+, pero seguía manteniendo su negativa a presentar la gala de los Oscar.

A cada paso que daba, Kevin Hart insistía en presentarse como la víctima de lo ocurrido. En Twitter llegó a publicar la frase «La verdadera medida del hombre no la da su actitud en momentos de fortuna o bienestar, sino cuando se enfrenta a las adversidades de la vida», de Martin Luther King Jr. En palabras de su asistente personal: «Lo que el público percibe es que no se quiere disculpar, así que es homófobo. Todo el mundo vio la frase de Martin Luther King, y le dijimos que era el movimiento equivocado. No eres Martin Luther King. Tienes que aprender a parar y pensar. […] Por ahora, no hay ninguna corriente que vaya a cambiar el rumbo de las velas, así que tendrá que aceptar que, durante un rato, vive en este mundo al que no está

---

[35] En realidad, esto tampoco era muy cierto. Hizo referencia a sus tuits y a sus chistes en un par de entrevistas, pero nunca pidió disculpas por ellos. En 2015, en una entrevista en la revista *Rolling Stone*, Hart confesó que no volvería a hacer chistes como aquellos, pero el motivo era «que en aquel momento no era tan delicado como ahora». En ese mismo año, en referencia también a esta misma cuestión, aseguraba que «lo que es gracioso, es gracioso». Hay otras entrevistas en las que ha hecho referencia a lo mucho que se juega cuando hace chistes del colectivo LGTBIQ+, pero la palabra «perdón», aparecer, no aparece.

acostumbrado. No está acostumbrado a no ser la persona que todo el mundo quiere y aplaude. Es importante, es una píldora de humildad enorme que tiene que tragar».

A pesar de los consejos de su equipo, Kevin Hart siguió sin emitir una disculpa (al menos, no sin estar acompañada de una queja) y decidió zanjar el tema acudiendo al programa de Ellen DeGeneres. Esta aparición convenía a Hart por el alcance del *show*, pero también porque DeGeneres es su amiga y un popularísimo miembro del colectivo LGTBIQ+. Sin embargo, el humorista se empeñó en convertir esa oportunidad en una gran campaña sobre lo buena persona que era y sobre el ataque que había recibido. Realizó una acusación bastante agresiva hacia la prensa, argumentando que no habían querido encontrar las disculpas que ya había emitido en el pasado.[36] A continuación calificó lo ocurrido como «un ataque, un ataque malicioso hacia mi persona», insinuando que los tuits recriminatorios habían sido orquestados. Pese a que DeGeneres intentase mediar, Hart no presentó los Oscar y la edición de 2019 transcurrió sin conductor oficial. Él decidió no volver a hablar del tema. Sin embargo, pese a sus deseos, todo el revuelo llegó al mismo tiempo que la promoción de su siguiente película, *The Upside, remake* del éxito francés *Intocable*. Cuando el famoso se convierte en un arma de promoción, no siempre está en control de su presencia, pues esta se puede exigir en un lugar y momento determinados. Cada entrevista que Hart hacía era una oportunidad para preguntarle sobre los Oscar y para que él no quisiese responder. La situación solo empeoraba.

---

[36] A ver, ¿dónde están esas disculpas?, que yo las vea.

El documental finaliza mostrando a un Hart que confiesa haberse equivocado, haber «perdido una oportunidad para condenar cualquier tipo de violencia a cualquier persona por ser ellos mismos». «Fui un inmaduro. No soy invencible, no lo sé todo y a veces es valioso parar y evaluar». También le vemos conversar con Carli Haney, una de las ejecutivas de su productora. Haney es lesbiana y se confiesa «emocionada por su cambio [el de Hart]». Igualmente, el cómico menciona haber hablado con «amigos gais», en especial, Lee Daniels (director de *Precious* o *El mayordomo*), quien le habría iluminado sobre por qué su disculpa era necesaria y esperada. Un broche final que transmite cierta manipulación, tanto en los tiempos (¿se necesitan seis meses para darse cuenta de un error o es el tiempo que ha tardado en realizar el documental?) como en lo conveniente de sus relaciones laborales y personales.

Una disculpa es una disculpa. Una disculpa contiene las palabras «lo siento» o «perdón». Una disculpa no tiene condicionales, no se empieza o acaba con «si te he ofendido» o «si he hecho daño a alguien». Se realiza porque la persona cree haberse equivocado. Cuando Seth Rogen, protagonista de *Superfumados* o director de películas como *Juerga hasta el fin* o *La entrevista*, se enfrentó a su propia polémica, en la que se le acusaba de utilizar a dobles de luces con la cara pintada de negro en sus rodajes (es decir, actores blancos pintados de negro para ver cómo incidiría la luz en el cuerpo de actores afroamericanos), su respuesta fue: «Debería empezar por decir que esto jamás debería haber pasado y estoy terriblemente arrepentido. No daré ninguna excusa que explique por qué ocurrió. Solo diré que, en el momento en el que me di cuenta de lo ocurrido, me aseguré de ponerle fin y di mi palabra de que, en cualquier proyecto en el que mi equipo o yo estemos involucrados, tomaremos precauciones para asegurarnos de que nada parecido ocurra jamás». Porque, aunque vivamos en una cultura de la indignación, se puede recoger esa indignación con elegancia y devolverla con clase y de forma directa. Se puede ser mejor.

Para conseguir transmitir auténtico arrepentimiento, quizá sea importante recordar por qué se piden disculpas. Se piden disculpas por uno mismo. Porque has aprendido, porque has mejorado, porque quieres ser generoso y consideras que el daño hecho a la gente que te rodea es siempre genuino, aunque al principio no lo entiendas. Crees que si alguien se siente molesto es bueno que tu impulso inicial sea aceptar esa molestia como auténtica, sin importar que, al mismo tiempo, puedas defender tu punto de vista. Además, los famosos piden disculpas porque tienen responsabilidades. Bajo ellos existen grupos de personas que dependen de su funcionamiento. No solo su familia, sino también los trabajadores a su cargo, que crecen en número a medida que su influencia se expande. Pedir disculpas es una forma de cuidar aquello que eres y quieres.

La responsabilidad del público

La comedia ocupa un lugar especial en el universo de las disculpas. Los chistes emitidos por un profesional en un escenario siguen representando, para una amplia mayoría de la población, una forma de expresión similar a los comentarios de humor vertidos de manera coloquial. Los cómicos pertenecen a un reducidísimo grupo de creadores cuyas intenciones no se valoran como literatura o arte. La sátira es perseguida porque los sentimientos que despierta su irreverencia no dejan ver la ficción que encierra. La cultura del ensayo y error que sostiene el trabajo de un humorista es, en ocasiones, completamente desconocida para el gran público y atesorada en exceso por el comediante. Por último, el humor suele generar controversia cuando este se graba y se difunde. Así que lo que mata la experimentación es precisamente lo que consigue que sea económicamente rentable.

El público debe entender que, en gran medida, lo que parecen ocasiones para eliminar comportamientos o personas perjudiciales de las altas esferas de la sociedad pueden ser también exabruptos. Grupos de personas atacando sin control lo que, de forma individual, no les importaría tanto como de manera colectiva. Oleadas de convicción obviando la posibilidad de debate, implantando consecuencias antes de ofrecer cualquier oportunidad a la duda. En el peor de los casos, esas muestras de rabia irán dirigidas a objetivos que no existían segundos antes. Dianas que han sido colocadas por intereses mediáticos o empresariales. Si volcamos energías en polémicas que ayer no existían, debemos estar muy seguros de ser nosotros los que las hayamos definido como necesarias, y no dejar que sean otros los que las estén señalando.

En el afán del público por acabar con aquello que parece negativo se corre el riesgo de extender lo que no gusta. Luchemos contra este chiste mientras reproducimos su contenido miles de veces, eliminemos las opiniones de este político al que le estamos dando toda la difusión posible. Podría hablar de Trump, de Ayuso, de cómo ciertos líderes se apoyan en nuestra rabia para difundir sus ideas. Pero existen ejemplos más ligeros. Meghan Markle y el príncipe Harry son un caso claro de pareja de famosos que no gozan de mucha simpatía por parte del público. Sin embargo, a su alrededor se genera una conversación constante que los convierte en personajes interesantes para los medios y económicamente rentables para consolidar tratos con editoriales o plataformas de contenido audiovisual. Risto Mejide, Madonna, Kim Kardashian. Todos son ejemplos de famosos sobre los que originar olas de polémicas para luego surfearlas. Nosotros, mientras tanto, les hacemos la cama.

La indignación también es un vehículo a través del cual se amplifican las ideas contra las que combatimos, en el que pueden crecer hasta llegar a aquellos que las celebran. La protesta, la lucha contra lo erróneo, sin duda es necesaria. No obstante, se debe advertir cuándo una queja está llamando la atención sobre un tema que está pasando desapercibido y cuándo es un ejercicio de complacencia hacia uno mismo y hacia una red de seguidores. Habitualmente se dice que el mayor riesgo del arte político es darse cuenta de que se está predicando a los conversos. Se insiste a los que ya están de nuestra parte. En el ADN de ese regocijo, casi íntimo, está la clave para la destrucción de una comunidad, más preocupada en crecer dentro de sus propios méritos que en cambiar su alrededor.

Aceptar disculpas[37]

Para conseguir una sociedad que promueva admitir errores y aprender de ellos, debemos crear una cultura que acepte dis-

---

[37] ~~No creo que absolutamente nada de lo que propongo en este último apartado sea posible. Creo que siempre habrá gente obsesionada con que todo le parezca mal y no perdonar. A lo máximo a lo que podemos aspirar es a aisladas muestras individuales de sensatez. Que tampoco está tan mal.~~ Me ha dicho mi editor que si quiero vender libros no puedo venirme abajo todo el rato, así que aquí nadie está llorando, no hay nada que ver, el mundo es un lugar increíble, haced caso a vuestras tazas.

culpas y entienda que una persona puede evolucionar. Si no, nos encaminamos de forma irremediable hacia una forma de vida en la que obligaremos a todos los que se equivocan a atrincherarse, utilizando su sufrimiento como justificación. En la entrevista comentada en el capítulo anterior, Ana Obregón argumentaba, ante las críticas recibidas por su proceso de gestación subrogada, estar en su pleno derecho de hacer, básicamente, lo que le diese le gana. ¿La razón? Lo mal que lo había pasado y los cinco años en total de sufrimiento que había vivido, luchando con su hijo, codo a codo, contra el cáncer, viviendo las situaciones más horribles.

Equivocarse es necesario para aprender y de una equivocación mayúscula hemos obtenido grandes sabios, grandes reconversiones y grandes bienes. De alguna forma, debemos ofrecer a los tótems mediáticos de nuestra sociedad una manera de demostrar que han cambiado, o que han aprendido. Las disculpas pueden ser ligeras, divertidas y constructivas. En 2019, Liam Neeson fue acusado de racista cuando aseguró que, en su pasado, reaccionó así ante la violación de un ser querido: «Iba de un lado a otro con una porra con la esperanza de encontrarme con alguien, y estoy avergonzado de decirlo. Lo hice durante una semana, esperando que algún "bastardo negro" saliera de un pub y fuera a por mí por algo. Para que pudiera… matarlo». Neeson pidió disculpas y el tema parecía haberse zanjado con frialdad. Hasta que, años después, Donald Glover pensó en el actor británico para un cameo en *Atlanta* en el que ironizase sobre lo ocurrido. Al principio, Neeson dijo que no: quería dejar todo aquello atrás y olvidarse. Pero Glover pidió ayuda a Jordan Peele para convencerlo, y finalmente Neeson accedió. En el octavo episodio de la tercera temporada de la serie, Paper Boi sufre una alucinación que le lleva a un local llamado Cancel Club (el Club de la Cancelación). Allí se encuentra a Neeson, con el que mantiene el siguiente diálogo:

—Habrás oído o leído lo de mi transgresión. Ya sabes, lo que dije sobre que quería matar a un negro, a cualquiera, de joven, cuando vivía en Londres. Habían violado a una amiga y me dejé llevar por la ira. Pensándolo ahora, sinceramente, me asusta. Creí que, si la gente sabía quién fui, entenderían quién soy. En quién me he convertido. Pero dicho eso... Lo siento. Lo siento si he herido a alguien.

—Es bueno saber que ya no odias a los negros.

—¿Qué? No. No os soporto a ninguno. Bueno, ahora me siento así porque intentasteis arruinar mi carrera, aunque sin éxito. No obstante, estoy convencido de que algún día lo superaré. Pero, hasta entonces, somos enemigos mortales. He aprendido que lo mejor y lo peor de ser blanco es que no tienes que aprender si no quieres.

Esta escena no solo genera un diálogo, sino que abre nuevas dimensiones alrededor de lo que significa equivocarse e ironiza sobre lo que un individuo puede sentir al verse arrinconado por una comunidad sin rostros definidos. Además, está diseñada por miembros del mismo colectivo al que se ofendió, lo que representa una sanación mucho más completa. Si solo buscamos humillación o eliminación, obtendremos de vuelta una respuesta prefabricada. El cómico Steve Harvey tuvo que pedir disculpas tras hacer un chiste mientras interpretaba a un personaje habitual de su repertorio, una deslenguada monja llamada «hermana O'dell».[38] En un episodio de *Comedians in Cars Getting Coffe*, le explicaba a Jerry Seinfeld su interpretación de la situación: «Tuve que pedir perdón. Porque tengo un programa de entrevistas. Porque un patrocinador se quejó y el resto tuvieron que venir detrás y mostrarse moralmente afectados. Si uno retira su patrocinio, el resto tienen que mostrarse afectados también. No les importa. No les importa. Pero tienen que hacer que parezca que les importa. [...] Pero si fuese solo un cómico trabajando en teatros, ¿pedir perdón? Qué va, tío. De hecho, ¡sintonice mañana, señora! Voy a trabajar en este chiste y no se va a creer lo que le traeré mañana».

Por tanto, el próximo reto resultará afinar nuestra capacidad para intuir manipulación en el arrepentimiento. No estoy hablando forzosamente de mentiras. Quizá aquel que defiende con destreza una postura inhumana lo haga convencido. Lo más habitual es que este tipo de testimonios encierren algo parecido a la charlatanería. Harry G. Frankfurt, en su ensayo *On bullshit: sobre la manipulación de la verdad*, definía así este comportamiento: «Puede que el charlatán no nos engañe, o que ni siquiera lo intente, acerca de los hechos o de lo que él toma por hechos. Sobre lo que sí intenta necesariamente engañarnos es sobre su propósito. Su única característica distintiva es que en cierto modo tergiversa su intención».

Si bien es difícil advertir la sinceridad de un comunicado, por muy correcto que este sea, es posible hacerse una idea más adelante, cuando se examinan nuevas conductas. Disculparse

---

[38] A pesar de que Harvey aseguró ante Jerry Seinfeld que la controversia giraba alrededor de un accidente de tráfico, el único registro de disculpas que he podido encontrar de aquel en relación con un chiste de la hermana O'dell es del 27 de marzo de 2015. En esa ocasión, el tema eran los niños con necesidades especiales.

precisará, en ocasiones, de muestras de cambio. Después de que Will Smith se aislase durante meses, tras los comunicados emitidos y las entrevistas hechas, su vida ha continuado. Su carga de trabajo como actor se ha visto resentida (en 2023 no tuvo ningún estreno) y el único canal de comunicación que permite acceder a su vida diaria son sus redes. En ellas, sin hacer referencia directa a la bofetada, hay quien podría intuir pequeñas enmiendas respecto al incidente: reuniones con Questlove, artista que ganó el Oscar a mejor cortometraje documental, cuya intervención quedó eclipsada por la agresión; conversaciones y pódcast con su familia, o un vídeo de un patinador que se cae al final y aparece el texto: «Este soy yo en 2022». O puede que lo que el resto del mundo sienta que define a Will Smith no tenga ese mismo peso para él. Que lo que veamos en sus redes a partir de ahora sea simplemente la estela de un camino que empezó años atrás, que cuenta con un tropiezo. Quizá, sencillamente, y como mencionó en su primera aparición pública tras lo ocurrido: «Intento sentirme arrepentido sin estar avergonzado de mí mismo. Soy humano, cometí un error e intento no pensar que soy un trozo de mierda». Parece bastante lógico. Tal vez aplicar la lógica sea lo único necesario.

V
SUPERSTICIÓN

Oprah Winfrey, leyenda de la televisión estadounidense, tuvo unos inicios difíciles. Su familia era pobre, sufrió abusos físicos y verbales por parte de sus padres, su tío la dejó embarazada después de violarla y ella quiso suicidarse a raíz de ese incidente. En sus primeros pasos laborales sufrió discriminación, fue despedida y pensó en abandonar su carrera. Ahora es una de las personas más ricas del mundo (la persona afroamericana más rica del siglo XX según *Forbes*), una líder de opinión indiscutible en su país y, probablemente, la mujer más poderosa del planeta.

A principios de la década de los ochenta estaba obsesionada con la novela *El color púrpura*. Regalaba el libro a amigos y familiares, y rezaba para conseguir un papel en la película. Un día, internada en un centro de adelgazamiento, mientras lloraba bajo la lluvia suplicando a Dios conseguir el papel de sus sueños, recibió una llamada. Era Steven Spielberg. Meses después estaría nominada al Oscar como mejor actriz de reparto. Oprah está convencida de que todo esto ocurrió porque lo pensó muy fuerte. Porque todos sabemos que el universo, cuando deseas algo muy fuerte, te lo da.

Rhonda Byrne también cree que el universo es el responsable de que Oprah consiguiese el papel, a través de algo llamado «ley de atracción». En su libro *El secreto*, publicado en 2006 y del que Oprah es fan absoluta, Byrne difunde que la ley de atracción es tan real como la ley de la gravedad y explica que los pensamientos emiten ondas que atraen aquello que deseas. Con esta premisa, carente de cualquier base científica, ha llegado a vender más de diecinueve millones de ejemplares de su libro en todo el mundo, traducido a más de cuarenta idiomas, edificando un imperio de superstición que la ha hecho millonaria y que incluye documentales, películas, secuelas literarias y una prolífica vida de *coach* televisiva.

La retórica de *El secreto* está plagada de términos genéricos como «vibrar» o «frecuencia» y de perezosas alusiones a la física cuántica. Sin embargo, su aplicación no ha sido testada ni probada, sino que se basa en los testimonios de aquellos interesados en que el mensaje sea consumido. Al carecer de cualquier control, las pruebas que ofrece son las vivencias de los propios actores que se enriquecen con todo este tinglado. La conclusión tras sus páginas es doblemente aterradora: si tu vida es un horror, no solo la culpa es tuya por emitir pensamientos negativos; lo es, además, por no saber aplicar la ley de atracción.

Miguel Anómalo, guionista, experto divulgador sobre conspiraciones y teorías judeomasónicas y autor de *Conjuras, tierras planas y lagartos*, tiene claro dónde se posiciona en esta batalla entre ciencia y humo: «La grandeza del método científico no es que sea infalible, sino que tiene mecanismos para corregirse. Lo que falla en teorías como la ley de la atracción es que, si no funciona, te echan la culpa a ti. Si algo basado en el método científico falla, sabemos corregir ese error».

El secreto está lleno de referencias a Galileo, Platón y Jesucristo. A todo lo necesario para que, desde fuera, sus mimbres parezcan sólidos. Pero todo es palabrería. Su absoluta carencia de rigor científico se esconde detrás de prescriptores, nombres propios de la medicina, la psicología o la comunicación, para más tarde ser respaldada por actores o celebridades. Una milenaria forma de falacia conocida como *argumentum ad verecundiam* o «argumento de autoridad». Defender algo como cierto únicamente porque lo sostiene una aparente eminencia, sin importar que no exista demostración alguna.

¿Por qué confiamos antes en un intérprete, en un famoso, que en un científico? Anómalo tiene una explicación: «Preferimos a los famosos porque nos dan soluciones sencillas. No efectivas, pero sencillas. Un científico, por ejemplo, al hablar sobre la vacuna de la COVID, te ofrece soluciones que no son inmediatas. Vendrá, pero hay que investigar, hay que hacer pruebas, tardará meses. Un magufo o *influencer* que ejerce de magufo te ofrece algo más fácil». Si con estas conclusiones todavía hay alguien que no esté molesto, que se prepare. Con todos ustedes, Oprah Winfrey.

El tablón de los deseos

Cuando una persona experimenta una transformación personal tan descomunal como la que le supuso a Oprah saltar a la fama, lo más habitual es asistir a sus esfuerzos por justificar, mediante omnipotentes designios, todo lo recibido. Los peores pliegues del individualismo consiguen universalizar la idea de que, si consigues la excelencia, esta va acompañada de innumerables guiños del universo hacia tus inquietudes. Oprah ha dicho frases del tipo «Soy el instrumento de Dios», «Estoy muy en armonía con mi yo divino» o «Si he fracasado es porque el ruido de mi ambición ha ahogado la voz de Dios». Si bien esta religiosidad va en consonancia con su educación cristiana, serviría para preparar el terreno ante numerosos contactos con filosofías baratas, famosos con convicciones *new age* y otras pseudoespiritualidades.

Oprah vive obsesionada con *El secreto* y la ley de atracción. Su relación de amor es tan extrema que *Saturday Night Live* llegó a realizar un *sketch* sobre el idilio. En él, Maya Rudolph interpretaba a Oprah, Amy Poehler a Rhonda Byrne y Julia Louis-Dreyfus a una ama de casa con una vida repleta de calamidades. Byrne y Oprah destrozaban la mente de la pobre invitada, para luego echarle la culpa de su propio sufrimiento a un hambriento y enfermo ciudadano de Darfur (Kenan Thompson). Todo esto sería graciosísimo si no fuese porque, días después, preguntaron a Bob Proctor (una de las eminencias que cita constantemente *El secreto*) si era posible que los niños de Darfur hubiesen visualizado su propia miseria. El autoproclamado filósofo respondió muy serio: «Probablemente el país lo haya hecho».

Oprah no es más peligrosa que Trump, pero se le acerca. Como explica Kurt Andersen en un artículo de 2018 para la revista *Slate*:

> Las fantasías que ha promovido en todas sus plataformas —su programa de televisión diario con doce millones de devotos espectadores, su revista, su web, su canal de televisión por cable— no son tan peligrosas como las teorías de la conspiración

de Donald Trump, pero durante tres décadas Oprah ha tenido un papel protagonista en alentar a los americanos a abandonar la razón y la ciencia en favor de lo imaginario.

El común denominador entre las formas de Oprah y la pseudociencia de Byrne en *El secreto* es algo conocido como «ilusión de potencial». A la audiencia de una y a los lectores de otra se les lleva a pensar que poseen grandes habilidades esperando a que despierten. No solo esto es probablemente falso, sino que, además, los métodos que proponen para sacar del letargo este potencial son engañosos. Gracias a la condescendencia de sus ídolos, que simplifican problemáticas muy complejas, miles de personas son incapaces de diferenciar entre una actitud positiva (beneficiosa) y una infantilización de sus rutinas (peligrosa). Los métodos milagrosos para el éxito prometen resultados formidables, pero como no todo el mundo puede alcanzarlos, ceban un camino infinito de gastos extra, de soluciones pasables y pasos intermedios que dejen a los más crédulos en una sensación eterna de coma motivacional.

Esto no es cosa de los años 2000. En 2018, durante la promoción de *Un pliegue en el tiempo*, una periodista volvió a preguntar a Oprah por su *vision board*, una herramienta complementaria a la ley de atracción que consiste en colgar en tu habitación fotografías de aquello que quieres conseguir.[39] Oprah respondió que ya no utilizaba *vision boards*, pues ahora vibraba con el universo como una experta. Quizá lo más preocupante es que las también presentes Reese Witherspoon y Mindy Kaling no solo no le pararon los pies, sino que se mostraron com-

---

[39] Si esto fuese cierto, ¿no nos habríamos acostado todos ya con Brad Pitt?

pletamente de acuerdo. Porque si Oprah es la punta del iceberg, el resto del hielo está formado por una masa de hombres y mujeres atractivos y millonarios a los que les es fácil creer que el universo les da todo lo que quieren.

No lo llames religión, llámalo X

La fama y la brujería van unidas. El horóscopo, sin ir más lejos, nace como objeto de consumo de masas a raíz del nacimiento de la princesa Margarita, en 1930. Hija del rey Jorge VI, la expectación era tal que, frente a la ausencia de exclusivas y el hermetismo de la familia real británica, los periódicos de la época tuvieron que tirar de inventiva para informar del suceso. John Gordon, editor jefe del *Sunday Express*, invitó a famosos astrólogos a confeccionar una serie de columnas llamadas «Lo que predicen las estrellas», que auguraban presagios para la nueva princesa. Fue tal su éxito que se mantuvieron durante años, hasta permanecer en nuestros días como una práctica habitual que nos relaciona, de alguna forma, con las más inalcanzables celebridades.

Lady Gaga, Will Smith, Steve Harvey, Denzel Washington… Todos han hablado en público de la ley de atracción, defendiendo *El secreto* y su veracidad. Todos han usado metáforas simplonas («Los seres humanos somos como imanes»), influyendo a miles a la hora de entender el universo. Pero quizá el más vehemente haya sido Jim Carrey. Su genialidad, innegable, viene acompañada de absolutas idas de olla. Vive convencido de que el universo que lo rodea está creado por sus ideas y de que él no es el que experimenta el universo, sino que el universo lo experimenta a él. Su pensamiento mágico ha sido el que le ha llevado a elegir y desechar roles durante toda su carrera. Por ello se distanció de la violencia de *Kick Ass 2* (2013) o decidió rodar *Di que sí* (2008), buscando positividad tras el fracaso de la oscura *El número 23* (2007), de alguna forma también asociada a su forma de ver el mundo. Como joya de la corona, *Jim y Andy* (2017) ilustra a la perfección el método que sigue un actor cuya deriva interpretativa está guiada por la excentricidad.

Carrey confesó en el programa de Oprah que usaba muy habitualmente la técnica de la visualización de objetivos en su vida. No ocurrió nada, claro. Cuando Carrey, Oprah o cualquiera de los suyos hablan sobre supersticiones, existe un sentimiento de gremio, de comunidad, que los protege de recibir ataques por decir sandeces. Pensamientos que por momentos rozan lo liberal y, otros, el progresismo ideológico más absurdo. «Es cierto que la izquierda tiene una tolerancia hacia el magufismo que es muy curiosa», profundiza Miguel Anómalo, y prosigue:

> Creo que tiene que ver con el rechazo hacia la religión. La izquierda rechaza a la religión porque es de derechas, pero sigue habiendo algo, inherente al ser humano, que le hace buscar explicaciones mágicas que les permitan reconciliarse con el universo. Al final es un *rebranding* de una ola *new age* que surgió entre los sesenta y los setenta (o resurgió, ya que cosas como la homeopatía eran más antiguas). Siguen siendo la misma mierda, pero se libran de siglos de historia. Pensando en la Iglesia, por ejemplo, aquí te estás quitando la Inquisición, las Cruzadas, matar gente, manipulación de gobiernos. Propones lo mismo pero libre de cargas.

Tamara Falcó: qué ocurre cuando sí que es religión

La superstición cumple, en la vida de cualquiera, un numeroso catálogo de funciones. Famoso o no, una vida de carencias puede obtener sentido gracias a una oportuna creencia. Las grandes desdichas y las suertes inconmensurables acostumbran a verse acompañadas de esta clase de comportamientos, pues, tras ellas, nuestra humanidad demanda con más fuerza una justificación. Ser permisivo con las convicciones personales de cada uno quizá demuestre empatía y humanidad, pero cuando esas mismas convicciones adquieren un altavoz mediático, sus motivos deben ser analizados, y sus consecuencias, advertidas.

Tamara Falcó cuenta, con habitual facilidad, cómo se convirtió al catolicismo y cómo entró Dios en su vida. Nacida en 1981, la marquesa de Griñón asegura que, alrededor de los treinta años, la lectura de la Biblia o el descubrimiento del rosario hicieron que pasara de llevar una vida materialista y vacía a sentir paz y plenitud. Es llamativo el hecho de que, a pesar de dibujar esta revelación como un antes y un después en su vida, lo cierto es que la religión ya era muy evidente: estaba bautizada, había hecho la primera comunión, se había confirmado (un sacramento que reciben, según datos de la Conferencia Episcopal, alrededor de cien mil personas al año en España), tenía una tía que era monja en el Vaticano y una abuela especialmente creyente. Incluso en su palacio había un cementerio para perros.[40]

---

[40] Vamos, que Dios tenía a su disposición una autopista para llegar al corazón de Tamara Falcó, pero todo OK.

En una charla publicada en el canal de YouTube *Luz católica*, Tamara Falcó desarrolla ciertos aspectos de su fe. En primer lugar habla de un posible origen personal, una hipotética carencia que favorecería su fervor. Ella misma lo explica así: «Un verano, me iba a pasar tres semanas en el campo con mi padre, porque se acababa de separar por tercera vez, lo cual [ríe] es bastante chocante, había sido un poco un *shock* que después de diecisiete años de matrimonio se separaran. Necesitaba lectura de verano y me fui a la Casa del Libro. Y en la Casa del Libro había una biblia, con una luz encima. Ya sé que todo el mundo se ríe, pero había una luz encima de la biblia. Estaba de pie y ponía: «Biblia didáctica». Y era, también es verdad que es una tontería, pero es que el Señor me conoce […] blanca, azul, y no te imponía. Y tenía una palmera. Y mi nombre en hebreo quiere decir «palmera».[41] […] Empecé a leerla. Seguí leyendo y llegué a la parte de los diez mandamientos. Yo había sufrido mucho la separación de mi familia, que mis hermanos se hubieran ido, etcétera. Y después de leer los diez mandamientos, me di cuenta de que, si esas normas las hubiéramos seguido en casa, nunca nadie me habría hecho daño ni yo habría hecho daño a nadie». A lo largo de esa conversación y de otras intervenciones en distintos medios, Tamara Falcó parece mostrar una concretísima relación con Dios. Ha dicho frases como «La Virgen sabía que me hacía ilusión tener un programa de televisión», «El Señor me fue guiando de una forma adaptada a mí», «Dios me entregó a un novio» o «El Espíritu Santo me puso los sacerdotes necesarios»; incluso se ha llegado a equipa-

---

[41] Santiago, en hebreo, quiere decir «Dios recompensará», que está muy bien porque soy autónomo.

rar con el santo Job. Entiende las críticas como obra del demonio y afirma que cuanto más se la critica, más puntos gana.[42]

La fe ofrece al famoso, igual que la superstición, la seguridad ante lo legítimo de sus privilegios. Aunque la pobreza pueda estar enraizada en las enseñanzas de Cristo, el desarrollo del cristianismo a través de los siglos traicionaría esta premisa. Como explica Leo Braudy: «La sociedad cristiana se inició en oposición a los estándares romanos de reconocimiento público, pero rápidamente absorbería esos mismos estándares y los haría suyos». Tamara Falcó parece tener algo de san Francisco de Asís, pues él también nació en el seno de una familia rica y defendía que la ejemplaridad espiritual merece una audiencia lo más grande posible (y pocas audiencias mayores que las de Tamara).

Ante la posibilidad de que todo lo conseguido (familia, trabajo, riqueza, fama) sea fruto de unos apoyos concretos, recursos palpables e intereses evidentes, ante la ausencia de méritos, ¿quién no querría intentar justificarse a través de un poder superior? Cómo no va a querer una persona que se enfrenta a críticas y opiniones constantes vivir activamente una fe que le asegura la salvación si sigue unos sencillos pasos. Más aún si estos pasos se pueden, digamos, tomar con ligereza. Porque la marquesa de Griñón es creyente, entre otras muchas cosas y al igual que Oprah, por la capacidad que tiene su religión para retorcerse y amoldarse a sus necesidades. Es creyente —seguro que junto a otras causas— porque la fe siempre ha sujetado a

---

[42] Ya que Jesús dijo: «Bienaventurados seréis cuando os injurien, os persigan y digan con mentira toda clase de mal contra vosotros por mi causa. Alegraos y regocijaos porque vuestra recompensa será grande en los cielos», porque otra cosa no, pero Jesús era un lince y lo dejó todo atadísimo.

quien la tiene por bandera, pues su amplitud ofrece consuelo
al que quiere encontrarlo. No sería preocupante el caso de Tamara Falcó si no fuese
por lo que ocurre a continuación. En mayo de 2022, el programa *El Hormiguero* iniciaba una tertulia sobre la reforma de la
ley del aborto que permitía a las mujeres de dieciséis años en
adelante interrumpir voluntariamente el embarazo sin el permiso de sus padres. Esto es lo que opinaba Tamara Falcó: «Al
final es verdad que es un alma, ¿no?, desde el momento de la
concepción es un alma. Entonces, hasta qué punto tienes tú
derecho de matar a... Aunque, claro, desde lo que yo creo. Yo,
sobre todo, además de que evidentemente estoy en contra
porque lo creo así... Bueno, primero está la libertad, ¿no? Yo
creo que al final las mujeres llevan abortando toda la vida. Pero
sí que tengo el ejemplo de amigas mías que han abortado y la
verdad es que yo no las veo más felices por ello. Y, sin embargo,
voy a Fundación Madrina y veo a madres de doce y trece años
sin recursos, porque yo te estoy hablando de gente que decía
"no puedo, no puedo", y veo a esas niñas, sin recursos, que están
sacando a sus hijos adelante, con una sonrisa, sin un trabajo, y
digo: si quieres, puedes».

Es curioso que cuando Pedro Sánchez acudió a *El Hormiguero* en julio de 2023, en medio de la campaña electoral, Pablo
Motos, cansado de oír al presidente del Gobierno insinuar (porque sin duda lo hacía) que su programa ofrecía opiniones en
su mayoría conservadoras, le pusiese un clip en el que Miguel
Lago y Juan del Val confesaban haber votado a Podemos y al
PSOE, respectivamente. No puso otro momento, cuando en
junio de 2021 Tamara Falcó aseguró que «pienso en los líderes
que tenemos en Madrid y lo que han hecho por la gente des-

favorecida y estoy muy contenta de ser de derechas». A principios de 2018, en la revista *Marie Claire*, ella misma respondió que si llegase a sentirse atraída por una chica alguna vez, lo primero que haría sería ir a hablar con un sacerdote. Para solucionarlo.

Igual que ocurría con Oprah, el altavoz mediático que sostiene a una celebridad conlleva que, detrás de los anuncios, las bromas, las tonterías y las promociones, se estén colando mensajes que atentan contra los derechos humanos, mensajes que se alinean con estilos de vida privilegiados y opiniones políticas que favorecen el conservadurismo. Muchas de ellas amparadas por la libertad de expresión; otras se podría cuestionar, pero ninguna de ellas evaluada desde la responsabilidad. La deriva mental de aquellos que ocupan nuestras pantallas parece ser ignorada. Las razones pueden ser varias: desde el entretenimiento que ofrece una persona llamativa a pesar de sus particularidades, hasta que esas mismas particularidades coinciden con la forma de pensar de aquellos que los contratan. Si cuando oyes desvaríos semejantes te quedas con la interpretación inocente y no te inquietan estas dos opciones, piensa en cómo se ha desarrollado tu educación audiovisual para que no te sobresalte ver en *prime time* a alguien como Tamara Falcó.

DECIR MIERDAS DUELE

Un par de meses después de que se estrenase *Selfie*,[43] recuerdo asistir al programa *La ventana*, presentado por Carles Francino

---

[43] Película de 2017, dirigida por Víctor García León, que protagonicé.

en la Cadena SER. En general, durante aquella época, carecía de la personalidad suficiente para decir lo que realmente pensaba o sentía, y acudía a las entrevistas igual que quien intenta ligar o pone un pie en un gimnasio por primera vez: con muy poca información, dispuesto a repetir clichés y comportamientos vistos en los medios, en la ficción o en escasos ejemplos de alrededor. Cuando Francino me preguntó qué tenía en mente, cuáles eran mis próximos proyectos, si lo de mi película había sido suerte o tenía sentido, debería haber respondido:

¿Sabes, Carles? Puedo llamarte Carles, ¿verdad? Genial. Lo cierto es que *Selfie* no ha supuesto para mí la entrada en el cine español que todo el mundo cree. Esta industria, entre lo receloso y lo frágil, se sostiene con los nombres de unos pocos. El escaso ruido que hayamos podido hacer se ha traducido, en mi caso, en una buena carta de presentación, pero nada más. Ojalá desde la prensa se explicase esta realidad con más frecuencia. Por mi parte, espero seguir esforzándome y encontrando oportunidades. Te agradezco mucho que me hayas hecho esa pregunta. Qué atractivo eres.

Pero en realidad respondí algo como:

Eeeh, bueno, hay algún proyecto, pero todavía no puedo hablar, je, je, ya sabes cómo son estas cosas… ¡Se vienen cositas! ¡Ja, ja, ja!

Si hablar de uno mismo y explicar lo que uno siente es, en ocasiones, imposible, ¿qué esperar cuando te piden opinión sobre temas de mayor calado? Imagino que la respuesta a esa pregunta es, como mínimo, que la ausencia de conexión entre lo que se dice y lo que se sabe no se complete con medias verdades, invenciones, chamanismos o filosofías de mercadillo. El camino de la superstición tiene escasos cambios de sentido; tras haber consagrado una vida a una ideología, es verdaderamente difícil renunciar a ella. Por algo las llaman «sectas». Cuando vemos a un famoso hablando sobre creencias, es importante entender que estas están apelando a situaciones muy concretas de su vida, a carencias similares a las nuestras. Es importante que rebajemos considerablemente la aceptación que damos a las lecciones espirituales que imparten las personas populares, pues suelen llevar años viviendo en burbujas y no conocen qué funciona y qué no en el mundo real. Yo también aconsejaría rezar si me funcionase siempre.

Los famosos crean sus normas: su propio código moral, su propio código profesional o incluso su propia realidad. Esta táctica suele empapar a la sociedad y genera un doble rasero a la hora de interpretar sus movimientos. Dicho de otro modo, somos más permisivos con los famosos porque ellos siempre se han presentado en público con esa pizca de locura que lleva el autoconvencimiento. La única ocasión en la que se le pide cuentas a un famoso es cuando sus acciones chocan con los intereses de aquellos que le han ofrecido la fama. Ese equilibrio en el que se mueve el famoso, entre la cancelación y el aplauso, es interesantísimo de observar. Los testimonios públicos de personajes notorios de nuestra sociedad se escudriñan hoy como nunca antes y, por tanto, el famoso que quiera adaptarse para sobrevivir tendrá que desarrollar un olfato especial para poder decir lo que quiera sin ofender y lo que deba sin que se note que no le importa. Quizá en ese paréntesis de realidad esté eso que los anglosajones llaman *bullshit*[44] y cuya aceptación en nuestra sociedad actual explica Harry G. Frankfurt en su ensayo ya citado de la siguiente forma: «La gente tiende a ser más tolerante con la charlatanería que con las mentiras, quizá porque nos sentimos menos inclinados a tomarnos las primeras como afrentas personales».

Todo indica que este proceso no es, al menos al principio, inofensivo para el famoso. A decir gilipolleces se aprende con la costumbre, pero desgasta. Se necesita desarrollar una coraza emocional que separe al famoso de la repercusión de lo que acaba de decir. De nuevo, como explica Frankfurt: «Siempre que alguien tergiversa deliberadamente cualquier cosa, ha de estar forzosamente tergiversando su propio estado de ánimo», y continúa varias páginas después: «La charlatanería es inevitable siempre que las circunstancias exigen de alguien que hable sin saber de qué está hablando». Esto, en los primeros pisos en los que se detiene el ascensor a la fama, se traduce como: *prácticamente siempre*. Entonces ¿cómo puede alguien, más aún siendo famoso, estar seguro de nada? Quizá esos chavales que se graban ocho horas diarias tengan la respuesta.

---

[44] Charlatanería, hablar y decir mierdas, chorradas.

VI
INTERNET

Me desperté y descubrí que era famoso.

Lord Byron

Merece la pena detenerse en un experto en repercusión, Kevin Alloca, que hace años arrojó luz sobre cómo se alcanza la popularidad (en este caso, en YouTube). El que fuese gerente de tendencias del sitio web protagonizó, en noviembre de 2011, una charla TED en la que ofrecía conclusiones sobre su trabajo. En ella explicaba que, si bien por aquel entonces se subían cuarenta y ocho horas de contenido a YouTube por minuto (en 2023, las estimaciones hablan de más de quinientas horas), un porcentaje ínfimo de vídeos llegaban a la viralidad. Para Alloca, la fórmula del éxito en su plataforma se fundamentaba en tres pilares: los creadores de tendencias, las comunidades y lo inesperado.

Los creadores de tendencias son aquellos individuos con un poder de difusión suficiente como para presentar un producto desconocido a un público masivo. En su charla, Alloca pone el ejemplo de Bear Vasquez. Este hombre consiguió vein-

titrés millones de visitas tras grabar, con psicotrópico entusiasmo, la aparición de un doble arcoíris a las afueras de su casa.
Estas reproducciones llegaron de golpe, siete meses después
de haber subido el vídeo a YouTube, únicamente porque Jimmy
Kimmel, uno de los presentadores más conocidos de Estados
Unidos, lo compartió desde su cuenta de Twitter. Durante los
siete meses anteriores, el vídeo solo acumulaba un puñado de
visitas, al igual que el resto de las piezas del canal de Bear. Creo
que la figura de un padrino, ya sea un individuo o una empresa, explica con claridad la fama de quien sea, pero en especial
en internet.

Las comunidades que menciona Alloca son también piezas claves para entender la fama. Aunque se centra en cómo
la interactuación entre usuarios de internet unidos por un
gusto común fomenta inspiración y creatividad, o cómo el
concepto de disfrute va, en la actualidad, unido al de participación, creo que su enfoque se desvía hacia lo lúdico, cuando
para este ensayo lo interesante es lo profesional.[45] En otras
palabras, aunque es cierto que una canción puede ser conocida gracias al empleo masivo de la misma en un reto de
TikTok, la exposición de su autor va por otro camino completamente diferente (es muy probable que ni siquiera se le
conozca). No, las comunidades que me interesan son aquellas
que esgrimen opinión; es decir, el nicho feroz que sostiene a
tantos creadores.

Por último, Kevin Alloca menciona lo inesperado como el
tercer componente fundamental a la hora de medir la capaci-

---

[45] «Puede que no haya vendido ningún libro, pero al menos soy un tipo serio», pensó el autor
mientras echaba otra página al cubo en llamas con el que calentaba sus manos en medio de un
callejón.

dad de viralidad de un vídeo en YouTube. Sinceramente, creo que esta es una reducción vaga del análisis que su empresa, destinada sobre todo a fomentar el uso de su plataforma con promesas de éxito de la noche a la mañana, haya podido hacer. Tiene sentido que el responsable de una compañía cuyo negocio consiste en la publicidad se encargue de afianzar la idea de que, gracias a YouTube, cada uno de nosotros puede alcanzar popularidad sin importar quiénes seamos. Toda buena idea con un éxito en apariencia fortuito cubre una necesidad, apela a un público, contiene un valor habitualmente comerciable. Eso no elimina el mérito de la buena idea ni el talento de su creador. Pero es necesario advertir las narrativas y las estructuras mercantiles que rodean a su crecimiento. En este capítulo analizaré la fama virtual para entender si hay atajos a la hora de alcanzar repercusión en un entorno supuestamente libre.

De aquellas guillotinas, estos *likes*

Dice Juan Sanguino en su imprescindible libro *Cómo hemos cambiado* que, «según el concepto de fama actual, tampoco hace falta tener un discurso reflexivo para impactar en la sociedad. Basta con hablar de ti misma».[46] A mi entender, Juan está siendo generoso con lo de «actual». A finales del siglo XVIII, entre las revoluciones americana y francesa, surgiría, quizá por primera vez de manera consciente, un nuevo

---

[46] De verdad que este libro es buenísimo, cómpralo. Ya estás aquí, ya has comprado el mío, así que compra lo que quieras.

estado mental, precursor del momento en el que nos encontramos. Afloró un individualismo que nada tenía que ver con herencias de sangre o con designios divinos. La libertad política y económica que surgió en aquella época de ausencias monárquicas, explica Leo Braudy en *The Frenzy of Renown*, creó un mercado nuevo para la fama, en el que el uso de la pintura o la escritura, junto a la rápida expansión de la comunicación verbal y visual, suponía una palanca para alcanzar poder. El nuevo cambio de paradigma ofrecía a los hombres la capacidad de aspirar a mucho más que a los designios de la naturaleza, y se popularizaron términos como «carrera», «prestigio» o «glamour». Los personajes públicos comenzaban a serlo gracias a su dimensión privada.

Por supuesto, esta revolución seguía siendo limitada, ya que además de estar, prácticamente sin excepciones, reservada a los hombres, o de tener una marcada aspiración espiritual, la distancia entre los valores que personificaba el famoso y las inquietudes de la audiencia a la que iban dirigidos era mucho menor que la actual. Se permitían poquísimas transgresiones, pero, al mismo tiempo, las transgresiones permitidas eran revolucionarias para la época. Un dandi como Beau Brummell nos puede parecer ahora un ejemplo *viejuno* de celebridad, pero en 1805 era una extravagancia. Para resultar chocante en 2024, para que tu realidad sea suficiente y tu personaje público pueda basarse en ella de forma exclusiva, tienes que salirte bastante de la norma. Cuando Juan Sanguino dice que «la televisión pasó de estar protagonizada por personas extraordinarias a estar protagonizada, literalmente, por cualquiera que quisiera salir en ella», también sabe que la gente ordinaria de las últimas décadas es un regalo para los medios.

Si parece que estoy tardando en hablar de internet es porque llevo un rato hablando de internet. Cuando leo que Napoleón tenía ataques de ira programados y calculados para alimentar su imagen de líder inflexible, o que Lord Byron se dejaba ver, con aire abatido, en reuniones sociales para aumentar su leyenda de soñador, veo los mismos juegos de los que participa Míster Jägger cuando acude a los premios Ídolo disfrazado de pijo, o María Pombo cuando accede a ser portada de la revista *Forbes*. Las grandes figuras de los siglos XVIII y XIX ya entendían lo que era hacer algo por el impacto que tendría en su trayectoria. A la vez aspiraban a convertirse en representaciones de clamores populares, igual que en 2023 tenemos referentes en la lucha del colectivo LGTBIQ+ o defensores de ideologías conservadoras. La virtud, en el caso de los famosos de antaño (Alejandro Magno, san Francisco de Asís), podía ser recompensa suficiente, pero para muchos comenzó a no servir de nada si era invisible y no obtenía el aplauso. Las aspiraciones de éxito individual del pueblo, antes irrelevantes, ya tenían referentes claros que conseguían llevarlas a cabo.

La figura de Lord Byron, de hecho, es interesantísima en sus rimas con el presente. Su llegada a la fama tuvo tanto que ver con los sentimientos que motivaba su obra poética como con las pasiones que despertaba su figura. Sin embargo, por mucho que asegurase que su fama fue algo con lo que se topó una buena mañana, podríamos decir que estaba obsesionado con ella. Empleó tiempo y recursos en ascender socialmente, no solo cuidando su aspecto (dormía con rulos, hacía ejercicio diario, llevaba una dieta estricta), sino también invirtiendo grandes sumas de dinero en encargar retratos y esculturas que alabasen su imagen. Recopilaba el correo que sus lectores le enviaban, para hacer un detallado seguimiento de los rasgos de su escritura o su personalidad que más agradaban a sus fans. Desgraciadamente, sus preferencias sexuales y su estilo de vida acabaron con su reputación,[47] pasando así a convertirse en la primera celebridad encumbrada que con el tiempo fue desprestigiada.

La revisión histórica debe usarse con responsabilidad. Es frecuente ver cómo se emplea con excesivo orgullo o con el único propósito de eliminar los esfuerzos del presente. No traigo a Lord Byron para negar el fenómeno que supone lo que ha conseguido Ibai. Pero advertir, en los últimos trescientos años de historia del ser humano, patrones de conducta o apoyos claros que se repiten siempre que alguien accede a la fama o se desprende de ella, da una visión mucho más amplia del fenómeno. Si confirmamos que la expansión de los medios de comunicación inició una oleada de fascinación por el individuo hecho a sí mismo, es evidente que aquellos que controlen estos medios serán capaces de influir en quién es y quién no es aplaudido en nuestro tiempo. Igualmente, si sabemos que llevamos trescientos años conviviendo con el fenómeno de la cancelación (o, para los detractores de este término, con la capacidad del público para repudiar a un famoso según los gustos de una época), entenderemos que siga ocurriendo y podremos alejarnos del manido debate «Ya no se puede decir nada» *versus* «Nunca hemos vivido mejor».

---

[47] Para aclararnos: se intuye que muchas de las preferencias sexuales de Lord Byron eran perfectamente lícitas, pero no iban parejas a los gustos de una época rancia y homófoba. Otras, como acostarse con su hermanastra y tener descendencia con ella, pues ya dejan ver que el tipo no podía tener el pene quieto.

¡HÁGASE FAMOSO SIN ESFUERZO! ¡SUSCRIPCIÓN A CAMBIO DE
SU VIDA!

Me gustaba el anuncio del iPhone 6. Una niña grababa a su
madre cortando cebollas[48] y subía el resultado a internet. Al
cabo de unos días, el vídeo era un fenómeno mundial, *Cebollas*
se estrenaba en salas de cine y Neil Patrick Harris le entregaba
a la muchacha una estatuilla dorada. Porque así es como funciona internet, ¿verdad? Al menos en potencia. Parece que lo
único que hace falta para triunfar en internet es ponerle ganas.
Si nuestra sociedad sigue sin comprender que eso no es del todo
cierto en campos más conocidos, como el de la interpretación,[49]¿cómo vamos a entender los entresijos de un medio que
lleva un par de décadas con nosotros? En internet, la poesía
instaurada alrededor del ascenso a la fama se mezcla con un
absoluto desconocimiento para crear un monstruo. El roman-
ticismo es tan embriagador que, por torpeza o vanidad, empa-
pa hasta los propios creadores.

Cómo combatimos a ese adolescente idealizado, ese mito-
lógico ser que empezó comentando videojuegos en su habitación
y ahora le ha comprado a tocateja una casa a su madre. Quizá
mencionando elementos a los que nadie alude dentro de la
aparente pureza de ese esfuerzo. Por ejemplo, la idea de que la
cantidad es inofensiva. Los miles de horas vertidas en YouTube no solo son reflejo del sudor de un chaval. Detrás de esa
obsesión hay una persona dispuesta a entregar su vida, a resis-

---

[48] La niña, no te lo vas a creer, grababa la escena con el iPhone 6. Como diciendo: «Igual estás
a un móvil de mil pavos de ser famoso... No sé, tú verás». Vaya tíos los de Apple.

[49] Ahí está Ana de Armas, que parece que consiguió salir en *Blade Runner 2049* solo con esfuerzo e ilusión.

tir el ataque de trolls, a jugarse su salud mental por dinero, a cambiar salud por sedentarismo, a irse a vivir a Andorra por privacidad, a aislarse, a volverse supersticioso. En su entrevista para Nude Project Podcast, María Pombo hablaba de la realidad de su trabajo. Reconocía no haber disfrutado del todo al viajar a lugares como Punta Cana en su juventud, pues tenía que estar haciendo contenido todo el rato. Uno no toma realmente el sol si mientras lo hace está editando fotos para subirlas. Ahora, María Pombo no tiene tiempo para publicar, como ella misma explica, pero debe hacerlo, porque la rueda le exige enganchar a sus seguidores para conseguir más ventas.

La intimidad es la moneda de cambio. El *streamer* (persona que retransmite en directo) o *youtuber* debe actualizar su presente ante el mundo entero, o el presente que el mundo entero quiere ver en una pantalla. He visto a famosos fingiendo estar solos cuando estaban acompañados, porque no mostrar a su pareja les hace más accesibles. La famosa frase de Michael Jordan «Los republicanos también compran zapatillas de deporte», que dijo para justificar su preferencia por no posicionarse, al comienzo de su carrera, en temas sociales o políticos, corrobora esta condición del famoso, hoy ampliada en su versión online. Su realidad está al servicio de sus intereses. Los embarazos se comunican cuando las fotos ya no permiten seguir defendiendo lo contrario. Las relaciones se aguantan hasta que se estrena una serie, para que la ruptura no pille a nadie en un *photocall*.

La lista de permisos que debe otorgar aquel que se dedique a vivir de su presencia online no deja de crecer. Excepto casos privilegiados, la marea de perfiles que se ganan la vida creando contenido en internet renuncian a la inviolabilidad del domicilio. A cambio de dinero, acceden a mostrar sus habitaciones, sus casas; a enseñar el aspecto de su pareja o sus padres cuando pasan por delante de la webcam; a compartir localizaciones en tiempo real, sentimientos en tiempo real, crisis y felicidad en tiempo real. La línea que separa el trabajo y el resto de sus vidas es tan fina que resulta imposible apreciarla. Al respecto de la relación entre trabajo e intimidad, específicamente en el universo de la creación musical, HJ Darger y Aleix Mateu comentan lo siguiente en *Making Flu$*:

> Al venderse a sí mismos, como nos vendemos todos, el tiempo de producción antes solitario e íntimo pasa a ser un artefacto público considerado tan importante como la propia música. El álbum o la *mixtape* se convierte en trofeo final, convertido en supuesto broche de diamantes o mero *teaser* publicitario que pone fin a todo un proceso de transformación, aprendizaje o historia a contar. C. Tangana es el mejor ejemplo de un artista que sabe cómo producir narrativas y rentabilizar el proceso creativo convirtiéndolo en parte de un relato continuo. Un flujo que va conectando los distintos singles, reforzando el interés por el significado entre fragmentos que unen ese todo y desviando la mirada crítica sobre lo que antes entendíamos como álbum: un producto autónomo y analizable donde lo extramusical carecía de importancia. Todo lo que ofrece en sus redes es siempre trabajo, lo interesante es aprender a maquillarlo de momentos más o menos íntimos, espontáneos, con más o menos amigos y/o equipo. Al fin y al cabo, las horas de *backstage*, preproducción, rodajes, reuniones y viajes también son horas de curro, ¿por qué no rentabilizarlo por partida doble?

En octubre de 2023 se estrenó el documental de C. Tangana *Esta ambición desmedida*,[50] que confirma lo que estos autores describían en 2021 sobre su carrera, pero también arroja recursos menos sutiles y ya comentados. El documental, tal y como explica la cita anterior, emplea momentos íntimos, rutinas, espacios de trabajo, como sedimento sobre el que edificar un nuevo producto, una nueva oportunidad de venta. Pero no queda del todo claro cuánto hay de estrategia comercial y cuánto de escasez de recursos. La acotación del periodo que muestra le hace distanciarse de otros como Ibai o el Rubius (no es el documental de su vida, es el documental de su última gira), pero echar mano de una madre o grabar un momento de emoción sin precedentes con sus amigos más cercanos coloca a C. Tangana en el mismo lugar en el que se encuentra Jada Pinkett Smith cuando hace una nueva declaración sobre su marido durante la promoción de sus memorias: el mercado le demanda aportaciones personales, confesiones cada vez más abrumadoras, para poder vender. Aunque uno crea que domina el vertido de intimidades y lo dosifica según su criterio y no según exigencias comerciales, es llamativo que no abunden los ejemplos de famosos que no se hayan vaciado del todo.

Que no lo llamen trabajo

El día en el que comenzó a interesarnos si Napoleón se comía las uñas,[51] el ser humano estaba, sin saberlo, dando forma a una

---

[50] Estaría guay grabar un documental sobre la creación de este libro y titularlo *Esta ambición razonable*.

[51] Lo hacía.

derrota. La deriva del interés por las vidas privadas configuraría un futuro (hoy) en el que la existencia pudiera ser explotada a nivel laboral. Ganar dinero mostrándose significa convertirse en herramienta de trabajo. Una herramienta propia, pero principalmente ajena. La palabra «libertad», con la que nos referimos a la capacidad de una persona para compartir el recuerdo de un viaje en redes, debe redefinirse si ese proceso le reporta un sueldo. Plantar tomates en un huerto por *hobby* no te da acceso a la Seguridad Social. Hacerlo para Mercadona, sí. De la misma manera, el éxito de un usuario de YouTube debe entenderse como el éxito de un empleado de YouTube. Triunfar en YouTube es sinónimo de sostener a una empresa, en este caso, Google, dueña de la plataforma. A cambio de ese trabajo, esa empresa promocionará el perfil de su empleado, pero no al revés. Aquí no se regala nada, se trata de acuerdos comerciales. Y lo mismo ocurre con Twitch o TikTok.

Estamos hablando de, repito, trabajo. Un trabajo que carece de regulaciones. Es necesario identificar a las grandes plataformas de entretenimiento como empresas y no como espacios libres. De este modo entenderemos que los contenidos mostrados no se eligen en función de su calidad o de sus valores. Los pódcast que recomienda Spotify o los vídeos que YouTube coloca en su página principal pertenecen a sus mejores empleados. Aquellos que directamente tienen un contrato con ellos y que permiten la inserción de publicidad en sus contenidos. O aquellos que, a modo de falso autónomo, invierten más y más horas para mejorar su oferta de contenido. El crecimiento orgánico (es decir, ganar seguidores sin invertir en publicidad) en las redes sociales ha dejado de ser una posibilidad, pues la dictadura que se impone es la del algoritmo. Es decir, la del dinero.

Cuando subes una foto a Instagram, la aplicación la filtra: antes de mostrársela a otro usuario, valora vuestro nivel de interacción. Si os enviáis mensajes, si os dejáis comentarios, Instagram favorecerá esa relación. Además, Instagram evalúa el interés de una publicación en función de su actualidad o del tipo de contenido. Por supuesto, la red social también juzga la frecuencia de uso o el número de cuentas a las que alguien sigue. Se estima más el contenido original que el contenido reenviado o compartido, aunque esta es otra manera de decir que los enlaces a páginas externas se penalizarán, porque quieren que dejes tu tiempo en un solo lugar. Instagram te pide que respondas a los mensajes privados, que generes interacciones, que añadas tu ubicación a los posts y que publiques a diario. Una vez más, tu tiempo, tu privacidad y tu salud mental al servicio del éxito online.

En la actualidad, excepto cierta élite que invierte en sus propias empresas, la mayor cantidad de ingresos de los *influencers* o *streamers* viene de la publicidad. Aquellos que se lo pueden permitir huyen de la publicidad convencional (anunciar un producto de manera directa) y prefieren acuerdos que les permitan fingir una colaboración menos forzada. Por ejemplo, si María Pombo acude a un evento de Armani en el Festival de Cine de San Sebastián y lo difunde en sus redes, no parece que esté haciendo promoción de Armani, sino que está hablando de su vida. Pero, en realidad, ella tiene un acuerdo comercial con Armani y su línea de maquillaje. Quizá no haya cobrado por acudir a ese evento y su sueldo se materialice en otro momento, en otro lugar. Tal vez solo le hayan pagado el desplazamiento y la estancia. Pero, en cualquier caso, la marca se beneficia de una difusión con interés comercial, ella obtiene contenido para sus redes y ambos perpetúan una relación esencialmente mercantil.

Otra forma de ganar dinero a través de la publicidad es lo que ocurre en YouTube, que permite poner anuncios en los vídeos de tu canal. Esta plataforma toma decisiones correctas, como impedir que se monetice contenido engañoso o *spam*, o eliminar la capacidad de ganar dinero de aquellos que inciten al odio o muestren imágenes pornográficas. Los derechos de autor son otro de los grandes bloqueos a la hora de enriquecerse en YouTube. Es difícil que la web no elimine un vídeo en el que se reacciona a películas o programas de televisión o que no tumbe videoensayos que no estén muy trucados. Decisiones coherentes con el respeto a la propiedad intelectual, pero que dibujan un mundo virtual controlado por grandes empresas con tendencia a la litigación.

Sobre publicidad e *influencers*, creo que es interesante dar unas pinceladas de la conversación que mantuve, en abril de 2023, con Andrea Compton, cuando vino de invitada a mi pódcast *Y de beber, albóndigas*. Creadora de contenido, especializada en cine, series y cultura pop, me explicaba cómo no podía rentabilizar muchos de los vídeos que subía a YouTube, ya que estos habitualmente contenían material protegido por derechos de autor. La mayor parte de sus ingresos tenían orígenes más claros:

—Económicamente, ¿tus ingresos vienen de publicidad?
—De proyectos, de programas y de publi. Antes la publi se hacía de forma diferente [...]. Cuando empezábamos en Vine, las marcas no ponían pasta. Empezaron a poner muy poquito, muy poquito. Y era muy publicitario. Sigue habiendo marcas

que son muy publicitarias, pero ahora normalmente quieren hacer proyectos. Pódcast, acompañarte a un festival, etcétera. Las plataformas están completamente metidas en esto. Antes los *influencers* podían decirte que vivían únicamente de la publi.

—¿Y ahora no?

—Ahora no, habrá gente que lo haga, pero yo, como creadora, es difícil que coja una campaña que sea muy publicitaria, porque no aporta nada. Los *influencers* tenemos que ir ligados a que la marca te guste. Es algo completamente opuesto a la gente en la tele, que hace publi de, por ejemplo, una empresa telefónica.

Llama la atención ver a tanto profesional de las redes sociales hacer una distinción tan fuerte entre publicidad y... publicidad que no parece publicidad. Entiendo la separación que propone Andrea, ya que ella siente una vinculación con los productos que recomienda. El valor de su prescripción está fuera de toda duda, pero temo que el presente haya absorbido la narrativa cuqui del consumo y nos engañe, haciendo pasar ventas por experiencias, anuncios por creatividad, marcas por personalidades. La publicidad ha aprendido a disfrazarse. María Pombo también decía esto en la entrevista con Nude Project Podcast:

—¿Qué detalles crees que te hacen estar un poco por delante del resto?

—Yo creo que, en parte, que no hago mucha publicidad. También soy muy fiel a mis marcas. Estoy con ellas durante varios años, crezco con ellas. Si una me da más dinero, no me voy con la competencia.

Si parece que aquí solo hace publicidad Carmen Machi cuando se come un yogur en la tele, es porque ya no queda claro qué es una marca y qué no lo es. Jesucristo es una marca, feminismo es una marca y libertad es otra marca. Igual que un traje de Gucci habla de nosotros, también lo hace escuchar un pódcast sobre nutrición, votar a la derecha o ir a un festival de música celta. Los principios y los gustos se corporativizan. Ser seguidor de Jordi Wild o de *Estirando el chicle*, ser espectador de Ferreras o estar suscrito a la *newsletter* de Pablo Iglesias ofrece al individuo un píxel más para completar su personalidad. Igual que las marcas que trascienden son aquellas que otorgan a su consumidor un valor adicional, los famosos que trascienden son aquellos capaces de salpimentar su discurso con asociaciones a ciertos ideales.

El *buenrollismo* mezclado con la pasta se cobra importantes víctimas. Irónicamente, en una época en la que la piratería no está tan extendida, en la que *Megaupload* ya no existe y Emule ya no es necesario, los artistas musicales siguen sin monetizar su música de manera justa y el directo es su mejor fuerte de ingresos. Igual ocurre en el campo audiovisual. Hollywood ha tenido que entrar en huelga (al menos, sus actores y sus guionistas) para reivindicar una compensación equilibrada y una mayor claridad por parte de los grandes estudios y las plataformas de VOD (*video on demand* o vídeo a la carta). Esos grandes intermediarios entre el creador y el usuario deberían haber supuesto más beneficios para sus autores y mejor contenido para el espectador. En su lugar, los beneficios se han quedado en la empresa y el arte se produce a través de criterios que unifican todo, eliminando las voces disonantes. Hace dos décadas internet representaba un espacio en el que difundir ideas de forma libre. Ahora la privatización de los canales de reproducción ha convertido cualquier contenido en mercancía.

El mundo anglosajón emplea el término *gatekeeper* (traducido de forma literal, aquellos que protegen una puerta) para referirse a las cadenas de televisión, los grandes estudios o cualquier intermediario que, antes de la llegada de internet, tuviese en su poder la llave para decidir quién triunfaba y quién no. Pero YouTube, Spotify, Instagram o Twitch no han eliminado a los *gatekeepers*, sino que los han sustituido. Donde antes había ejecutivos que tomaban decisiones basadas en gustos personales,[52] ahora hay algoritmos que benefician formatos, duraciones y estilos. Que una red social crezca (TikTok) o que haga cambios en su modelo de suscripción (Twitter) genera un desajuste. Los cambios suelen estar pensados para aumentar el número de horas que el usuario pasa en la plataforma, porque eso atraerá publicidad a la misma.

DE MEMES A FENÓMENOS

Internet ha facilitado ciertas cosas y complicado muchas otras. Pondré un ejemplo: Shane Gillis. Cómico nacido en Pennsylvania en 1987, entre 2012 y 2019 alcanzó popularidad en el circuito de *stand up* estadounidense (y, más tarde, en el mundo entero) gracias a diversos logros obtenidos por la calidad de su comedia: concursos ganados, relación con Comedy Central, presencia en festivales importantes y, sobre todo, el éxito de su pódcast *Matt and Shane's Secret Podcast*. Se convirtió en uno de

---

[52] Esta peña no se ha ido a ninguna parte, también te digo.

los perfiles más populares de Patreon, la plataforma que conecta a creadores con sus fans, haciendo posible que estos financiasen parte de su trabajo. He aquí la primera ventaja: al comienzo de la trayectoria de cualquier creador, internet supone una sencilla manera de mostrarse al mundo entero, especialmente si tu idioma es el inglés y si lo que dices se alinea con lo que piensa un gran grupo de gente o, al menos, la entretiene. El éxito de Gillis propició que en 2019 *Saturday Night Live* le contratase para formar parte de su reparto. Por desgracia, horas después del anuncio, y según un reportaje de *The New Yorker*: «Un periodista independiente llamado Seth Simons, escritor que habla de política en comedia, desenterró un clip del año anterior en el que Gillis y su copresentador, Matt McCusker, divagaban sobre el barrio chino de Filadelfia». Los términos vertidos o las imitaciones empleadas hicieron arder las redes y, al día siguiente, Gillis era el centro de todas las miradas. Según Lorne Michaels, productor de *Saturday Night Live*, la NBC entró en pánico por miedo a la posible retirada de inversiones, pues los patrocinadores amenazaban con marcharse. Tres días después, Michaels emitió un comunicado asegurando que Gillis «no se uniría a *SNL*» y que los comentarios del pódcast eran «ofensivos, dolorosos e inaceptables». Ningún cómico de los ochenta tuvo que enfrentarse a la revisión de sus primeros chistes, pues rara vez estaban registrados. Ahora, la hemeroteca puede convertirse en un adversario salvaje.

Gillis, que evitó con destreza la posibilidad de que su despido definiera su carrera («No quiero ser una víctima, quiero ser un cómico», confesaba en un episodio del pódcast de Joe Rogan), ha encontrado la forma de seguir viviendo de la comedia, a pesar del rechazo del *mainstream* (es decir, de los medios populares o convencionales, como la NBC). Su monólogo de una hora *Live in Austin* acumula más de dieciséis millones de visitas en YouTube. Sus apariciones en pódcast de compañeros o su *webserie* de *sketches*, también alojada en YouTube, le han permitido acceder a un público numeroso que llena salas y auditorios para verlo. Incluso un humor como el suyo, repleto de incorrección y con amor por lo negro, es capaz de encontrar su público gracias al alcance y el buen empleo de sus redes sociales.

YouTube, Instagram, Twitter o TikTok han consolidado algo parecido a un submundo de la fama. En ella, muchísimos creadores son idolatrados para su nicho de seguidores, pero ignorados por el resto del mundo. Especialmente en TikTok, donde alrededor de cuarenta mil cuentas tienen al menos un millón de seguidores. Los que quieran emplear este trampolín para triunfar en los medios tradicionales han de saber que es posible, pero el *mainstream* siempre pedirá que adaptes tu lenguaje, tus opiniones y tu forma de ser. Las marcas tienen el poder allí, son las que ponen la pasta, así que, al contrario de lo que ocurre con tu pódcast, donde no tienes que rendir cuentas, en este universo deberás ser obediente. Por otro lado, si uno no quiere o no puede dar el salto al *mainstream*, internet podrá cuidarle de forma suficiente. Esto no quiere decir que no vaya a necesitar apoyos: los pódcast se retroalimentan entre sí llevando a invitados potentes que también tengan éxito con sus propios contenidos, los *youtubers* desarrollan colaboraciones colectivas para aumentar su comunidad de seguidores, que Alicia Keys comente en TikTok la versión que has hecho de *If I Aint't Got You* te puede llevar a Eurovisión. Los prescriptores de los que Kevin Alloca hablaba al principio son imprescindibles.

La viralidad permite al artista existir, pero en un espacio diseñado solo para la supervivencia. El éxito arrollador necesita de otros agentes. En 2023, Netflix publicó un nuevo monólogo de Gillis titulado *Beautiful Dogs*.[53] El crecimiento de una estrella virtual pasa necesariamente por su asociación con prescriptores del, digamos, mundo analógico. El nicho puede sostener una carrera, pero convertirse en un fenómeno depende de los mismos caminos de siempre. Si tu abuela conoce a Ibai, es porque Jordi Évole le hizo una entrevista. Hay *influencers* que patrocinan equipos de fútbol, los hay que crean menús de comida rápida con cocineros de renombre o venden libros sobre su figura. Kanye West pudo sacar su primer disco gracias a un videoclip en internet que le abrió puertas. Pero para convertirse en un fenómeno que debe taparse la cara para poder comer en un restaurante de Burgos necesitó una discográfica, músicos que le apadrinasen y una MTV que hablase de él. En 2017, los vídeos del *youtuber* MrBeast (Jimmy Donaldson, el individuo con más suscriptores en la plataforma) consistían en decir «Logan Paul» cien mil veces durante diecisiete horas. Ahora su mayor vídeo es una recreación de la famosa serie de Netflix *El juego del calamar*. Los millones invertidos en esta ambiciosísima maniobra los obtiene, sin duda, gracias a una coherencia en su modelo de negocio, que le lleva a reinvertir (según sus palabras) «cada céntimo que gana». Pero, incluso en su caso, no podría recuperar la inversión sin *sponsors*. Lo viejo y lo nuevo, por ahora, siguen atados.

---

[53] El 15 de febrero de 2024, mientras este libro se corrige, *SNL* anuncia que Shane Gillis será el presentador estrella de uno de los capítulos de la temporada.

Lo nuevo, lo viejo

Museo Thyssen, 29 de julio de 2023. Entro en la exposición *Lo oculto en las colecciones Thyssen-Bornemisza.* Comienzo a leer el texto de la entrada, porque las audioguías están sobrevaloradas.[54] Dice así:

> Inspirado por precursores como Emanuel Swedenborg y Franz Mesmer, el espiritismo moderno nace a mediados del siglo XIX en Norteamérica. Fue un movimiento sin textos canónicos ni organización formal, difundido de manera viral a través de publicaciones periódicas, conferencias y campamentos.

Me sorprende leer el término «viral» en referencia a un fenómeno que tuvo lugar siglos antes de la llegada de internet, así que investigo.

El término viral aplicado al marketing, nace a finales de los noventa dedicado a un universo de correos electrónicos y foros. Los comisarios de la exposición están empleando una acepción nacida en la actualidad para referirse a comportamientos de siglos pasados. Maldita sea si no hay algo romántico y terrorífico en esta elección de vocabulario. De alguna manera, elegir palabras nuevas para referirnos a comportamientos antiguos nos hace ver que esa forma de relacionarnos siempre ha existido, solo que no sabíamos cómo llamarla. Pero por muy viral que esos campamentos de espiritistas fuesen, se les habría encogido el corazón al comprobar de lo que todavía seríamos capaces.

---

[54] De verdad, son demasiado caras. Hay mucha información en internet que puedes ir consultando en tu móvil mientras disfrutas de la exposición.

A finales de 2023, el *youtuber, streamer* y fenómeno de internet Ibai Llanos firmaba un acuerdo de publicidad con la marca de bebidas energéticas PRIME. No es el único: la bebida también tiene acuerdos con el FC Barcelona y otros clubes de fútbol europeos, como el Arsenal o el Bayern de Múnich. Probablemente, para cuando se publique este libro, sus sabores estén mucho más extendidos, puesto que PRIME ya ha empezado a agotarse en los supermercados. En octubre de 2022, Ibai voló a Holanda en avión privado para reunirse con sus creadores, el rapero británico KSI y el *youtuber* Logan Paul. Haciendo gala de su habitual sinceridad, confesó que «lo que me pagan es insultante. Han hecho una gran apuesta por mí y yo se lo agradezco».

Aunque pueda ser relativamente desconocido para muchos, Logan Paul es una sensación en internet. Eso sí, una sensación repleta de polémicas. Por hacer un repaso rápido a los peores momentos de su carrera: se pegó con un vagabundo, tiene un par de vídeos atando a mujeres con un lazo de vaquero y pidiéndoles un beso a cambio de liberarlas, ha grabado vídeos electrocutando a ratas muertas y fue la cara visible de un videojuego basado en criptomonedas y tecnología NFT[55] que resultó ser un timo, y por el que todavía debe dinero a cientos de usuarios. Por no hablar de aquella vez, en Japón, que grabó a un hombre que se había ahorcado y subió el vídeo a redes, donde dejó que lo viesen más de seis millones de personas antes de retirarlo. Pidió perdón y prometió donar un millón de dólares para concienciar sobre el problema del suicidio, pero,

---

[55] La verdad es que poco he hablado de la gilipollez detrás de los NFT y las criptomonedas. Necesitaría otro libro.

según diversas fuentes, solo habría hecho efectiva menos de la mitad de esa donación.

Hay cosas incluso más preocupantes alrededor de la figura de Logan Paul. Sus polémicas han contribuido a una radicalización de su mensaje. En su pódcast ha llegado a dar voz a Alex Jones, uno de los comunicadores de ultraderecha más peligrosos de internet, expulsado de YouTube, propagador de bulos, antivacunas y uno de los responsables del ascenso de Donald Trump al poder. El lado más lúdico que mantenía en sus inicios, junto con su perfil actual, más centrado en generar opinión y titulares, lo convierten en un referente peligroso que coquetea con la irresponsabilidad según le convenga. Pero, a pesar de todo, el éxito de Logan Paul es imparable. Millones de espectadores respaldan sus idas de olla con una fidelidad absoluta, que quizá no termine nunca. En caso de que lo haga, sus negocios le seguirán enriqueciendo. Muchos de sus colaboradores, que saben de qué pie cojea Logan Paul, formarán parte de su imperio, sosteniendo cada comportamiento nocivo a cambio de ingentes sumas de dinero.

Cuando la fama se solidifica en internet, parece mucho menos capaz de evaporarse. El nicho, la base de seguidores, permite que la cancelación no se produzca nunca. Logan Paul ha sido penalizado por YouTube en varias ocasiones, retirándole la posibilidad de monetizar sus vídeos, debido a las controversias suscitadas. Como respuesta, ha asegurado en comunicados recientes que disminuiría su presencia en esa plataforma y valoraría la posibilidad de migrar a Subify, un portal al que están trasladándose los creadores de contenido más polémicos. Esto también ocurre en Twitch, que está viendo cómo sus *streamers* baneados migran a Kick, una nueva plataforma más permisiva con la pornografía, la violencia o los discursos de odio. El dinero que los *influencers* generan con sus visitas permite la aparición de empresas sin valores que los sostengan. Ante la evidencia de que se es intocable, uno comienza a exhibir sus comportamientos nocivos con altivez. El «¿sabes con quién estás tratando?» de los mafiosos ahora es el «tú no sabes cuántos seguidores tengo» de la peña que mola en las redes. Vemos a famosos exponer a repartidores que han entregado tarde su pedido, a blogueros que hacen reseñas gastronómicas ensañarse con camareros que solo están haciendo su trabajo, salidas de tono que quedan impunes porque las desorbitadas cifras de *viewers*, el respaldo de la comunidad de creadores y la inactividad de los patrocinadores lo permiten todo. Ya tenemos varias generaciones que consideran normal mostrar sus vidas por completo, hacer *streams* diarios de varias horas, contar cada paso que dan. En el mejor de los casos, serán realidades manipuladas para no mostrar defectos. En el peor, esos vicios serán recogidos con orgullo.

En 2022, el actor Johnny Depp denunció a su expareja y también actriz Amber Heard por difamación. El juicio fue retransmitido por televisión, lo que provocó un seguimiento en redes sin precedentes que recoge, con gran capacidad de análisis, el documental *Depp vs Heard*. En él se muestra cómo la toxicidad alrededor de un circo mediático tiene las mismas materias primas allá donde crezca, pero su ejecución es más eficaz en redes. Machismo, cotilleo, desinformación: pecados pasados a una velocidad sin precedentes. Todo el contenido del juicio, sensible y repleto de matices, se empaquetaba de manera inmediata tras cada sesión y se reproducía hasta la saciedad, especialmente en TikTok. En internet, cada pieza de nuestra cultura está siempre disponible, siempre mutando, permitiendo que algo sea todo y nada a la vez. Este no lugar crea una ambigüedad en la que es imposible discernir lo que nadie quiere decir. Quizá era un chiste, no había espacio, está sacado fuera de contexto. Los vínculos entre el bien y el mal están más claros que nunca y, al mismo tiempo, no traen consigo ninguna responsabilidad.

Internet tiene cosas maravillosas. Evidentemente, si es un espacio que amplifica nuestros comportamientos, también amplificará lo bueno. Pero, igual que ocurre en la vida real, rara vez los autores de todo lo que brilla y merece la pena son millonarios, o famosos a nivel mundial, o dueños de empresas, o líderes de opinión. Mis dibujantes favoritos, mis pódcast imprescindibles, las cuentas que me nutren y llenan de esperanza son aplastadas por las mismas estructuras de poder que favorecen cierta unidad de discursos en lo más alto, igual que ocurre en el mundo físico. Al final, la única diferencia entre un famoso digital y uno analógico es que cada cual domina las reglas de su medio. Cómo explicar, si no, esta repetición:

> No se puede controlar el discurso de nadie. A no ser que alguien diga «id a casa de alguien y matadlo», eso es una llamada a la acción, eso es ilegal. Pero si quiero decir que la Luna está hecha de queso, si quiero decir que tú eres un lagarto de treinta y un años de otro planeta, tengo derecho a decirlo, y luego la gente tendrá que decidir si eso es verdad o no.

> Yo hay veces que digo «qué barbaridad está diciendo», pero digo, joder, es una barbaridad que él piensa, ¿por qué no dejamos que cada uno piense lo que quiera? Mientras no se haga daño

a nadie, por supuesto. Pero la opinión debería ser completamente libre, y cada vez somos menos libres.

Mi monólogo es mío y solo mío. Es mi opinión, acertada o equivocada, y con la que no quiero contagiar al resto porque en mi programa todo el mundo puede decir y opinar lo que quiera. Muchas veces se equivocan y a veces dicen burradas, pero yo creo firmemente en la libertad de expresión, algo que últimamente parece que no gusta.

La primera es de Alex Jones en el pódcast de Logan Paul; la segunda es de María Pombo, y la tercera, de Ana Rosa Quintana. Tres perfiles muy diferentes en sus inicios, pero que coinciden en un lugar, llamado atención mediática, en el que se les exige responsabilidades por su discurso. Y los tres amparándose en la libertad de expresión antes de pensar en qué es lo que genera controversia y si no merecerá la pena una revisión mínima de sus convicciones. Qué más da cuál sea el lugar en el que el famoso se desarrolle, las dinámicas son las mismas desde hace siglos. Lo nuevo es lo viejo, pero reforzado. Más libre. Porque todo sigue valiendo cuando estás en lo más alto. Incluso manipular tus números.

CIFRAS SIN CONTROL

La velada es un evento anual, organizado por Ibai Llanos, en el que varios artistas se enfrentan, como aficionados, en combates de boxeo. Entre pelea y pelea, además, se intercalan actuaciones de músicos de primer nivel. *La velada* se retransmite en directo por Twitch, que cada año bate récords propios gracias a este evento. En 2023, la tercera edición contó, en sus momentos de mayor audiencia, con unos tres millones y medio de espectadores. Gracias a estas cifras, Ibai posee el récord histórico de mayor audiencia en una retransmisión de dicha plataforma.

No obstante, hay que arrojar un poco de luz para contextualizar este dato. En primer lugar, Twitch tiene, de media en todo el mundo, alrededor de treinta y cinco millones de visitantes diarios (datos de la empresa en noviembre de 2023). Cuando uno entra en su página web el día de la retransmisión de *La velada*, el canal de Ibai se le ofrece directamente en la portada. Además, Ibai tiene, según sus palabras, «el mejor contrato del mundo» con Twitch, es decir, que el trato de favor es evidente cuando los usuarios son conducidos a su canal. Este trato es probable que se traduzca, además, en soporte por parte de la plataforma, apoyando a diversos departamentos. Asimismo, el evento cuenta con cuatro millones de euros de presupuesto, obtenido en gran parte gracias a patrocinios de marcas. Vaya, que esto es un poco como si, cuando encendieses la televisión, Antena 3 estuviese siempre como primera opción y luego la cadena anunciase: «*El Hormiguero* hoy ha hecho un 95 % de *share* si solo contamos las audiencias de Antena 3, La Sexta y Neox» (Y *El Hormiguero* no tiene cuatro millones de presupuesto por programa, rondará los ochenta mil euros de media). Tener el récord de audiencia en una retransmisión de Twitch significaría más si toda la gente que retransmite en Twitch tuviese las mismas oportunidades de ser visto.

¿Son mucho tres millones de personas? Sí. O no. El CEO de Twitch, Dan Clancy, confirmó que, durante la tercera edición de *La velada*, aproximadamente un 15 % de los usuarios tuvieron problemas de conexión, con lo que la cifra podría haber superado los cuatro millones. O menos, porque una sola persona podría estar conectándose desde dos dispositivos (Reven, un *streamer* socio de Twitch y de Ibai, pidió durante el evento que todos los espectadores se conectasen desde varios dispositivos). O más, porque quizá varios amigos compartían un ordenador. Además, el registro de la plataforma se detenía en una cifra de 3.499.499 usuarios, por lo que se intuye un problema con el recuento. Pero, claro, las herramientas empleadas para medir estos eventos son todas propiedad de la plataforma y no hay manera de auditar estas cifras de forma externa. Para ponerlas en contexto, el récord de mayor número de espectadores en una retransmisión en directo en YouTube está en más de ocho millones de usuarios. En 2020, la liga de críquet en India registró más de doscientos millones de visitas (tuvo que ser retransmitida online debido a la COVID), y el campeonato mundial del videojuego *League of Legends* registró unos cuarenta y cuatro millones de espectadores en 2021.

Es dificilísimo valorar la audiencia. Ocurre en la televisión de nuestro país, donde varios miles de audímetros sirven como representación de los gustos de millones de personas. La única razón por la que no contamos con herramientas más fiables es porque a menor fiabilidad, mayor capacidad de manipulación. Los responsables de captar patrocinadores o de argumentar la inversión de las marcas para las que trabajan tienden a justificar sus decisiones en función de números que, aunque no puedan mostrar su relevancia objetiva, suenen bien. Antes de la posibilidad de realizar con profesionalidad una tarea se mide la capacidad que tendrá el departamento de justificar su inversión.

Es decir, si contrato a este *influencer*, que tiene un gran número de seguidores, no importará tanto su forma de ejecutar un trabajo, sino sus cifras de seguimiento, fácilmente manipulables y defendibles ante una esfera de ejecutivos que no entienden nada en absoluto de internet pero quieren ver unos buenos gráficos.

Los que toman decisiones no saben quién es AuronPlay, Henar Álvarez o elxokas. Quizá algún día, en una conversación con sus hijos durante la cena, uno de estos nombres aparece, y al día siguiente por la mañana, esa persona recibe una llamada para ser la imagen de Danone. Por tanto, la lucha por ganar más dinero o tener más trabajo es, en realidad, una lucha por una mayor exposición, por una mayor atención mediática. Si siempre trabajan los mismos, se debe, en parte, a que los departamentos encargados de tomar decisiones de contratación no pasan de los diez primeros resultados de una búsqueda de Google o se basan en sus preferencias como espectadores, que corresponden a las de la mayoría. Cualquier persona que trabaje en una agencia de comunicación puede corroborar lo que estoy diciendo. Ocurre incluso en los departamentos internos de las propias empresas. No hay forma de medir de forma objetiva el éxito de una campaña en redes. Son todo aproximaciones.

María Pombo aseguraba en Nude Project Podcast que, en un solo *Black Friday*, era capaz de duplicar en ventas todo lo que una marca le había pagado en un año. Mientras tanto, entendía que había *influencers* que no dejaban el retorno prometido y que era trabajo de las marcas investigar. Y dejaba un recado para otro tipo de inquilinos de su inmueble virtual: «Toda esta gente que sale de Netflix, que de un día para otro tienen dos mil millones de seguidores, luego no venden nada, porque a la gente le interesa la serie, el personaje y poco más. Lo que vende de verdad es que crezcas con tu audiencia, que sepan tus gustos y que sepan que lo que dices es verdad». La dimensión de cualquier acontecimiento virtual tiende a ser maquillada. La versión más sencilla de esta irrelevancia son los *rankings* de plataformas como Netflix, en los que, siempre que se estrena una serie, se convierte en la más vista de esa semana. Los famosos, las empresas o las instituciones en el poder siempre hallarán datos positivos que esgrimir para justificar su mal rendimiento. Dejad que nos critiquen, mirad los datos de audiencia que conseguimos. O, si la taquilla ha sido mala, mirad qué buenas críticas hemos recibido. Cuando un mal producto no ha conseguido buenas críticas ni ha obtenido grandes datos de audiencia, sus responsables tienden a culpar a un sistema repleto de defectos. Si la película es larga y fracasa, es culpa de los jóvenes, que solo quieren ver vídeos cortos; y si el programa está presentado por miembros de una minoría y fracasa, el problema es de la sociedad, que es retrógrada. Puede ser. O puede ser, también, que el proyecto no sea bueno.

La manipulación puede llegar a ofrecer peores consecuencias. En el documental *Depp vs Heard* se hace referencia a la «desinformación» que rodeó al juicio entre los dos actores, algo sin precedentes. Un usuario de TikTok llamado @drewmtillman aparece en el tercer capítulo argumentando que, en ciertos vídeos, el número de interacciones es altísimo (más de treinta y tres mil respuestas), pero al visitar los perfiles resulta que son todos falsos. Perfiles vacíos, sin contenido, probablemente *bots*. *Bot* es un término que proviene de la palabra «robot» y hace referencia a programas que realizan tareas repetitivas, predefinidas y automatizadas. «Estamos siendo influenciados por *bots* que interactúan con *bots*», sentencia el vídeo. El uso de perfiles falsos para manipular estadísticas es un fraude evidente al alcance de casi cualquier usuario de redes sociales.

El cómico Ignatius Farray decía en uno de sus primeros monólogos que el gran problema de la medición de audiencias es asumir que estoy viendo algo porque me gusta. Probablemente no haya, frente a nuestras pantallas, un cerebro activo, sino un cerebro zombi. Los millones de chavales que ven mi directo quizá tienen la pestaña abierta mientras hacen sus deberes. Los miles de espectadores de mi pódcast lo escuchan a ratos mientras preparan la comida. ¿Ese programa de televisión? Lo vemos para criticarlo. Igual esa pareja que hace un momento ha puesto el telediario ahora está follando. Todo se desmorona cuando nos damos cuenta de que quizá estemos aquí por las risas.

No desechemos la posibilidad de que estemos aquí solo por el LOL

Algo que no sabíamos antes de Twitter es que la suma de muchas chorradas crea un tema serio. No intuíamos cómo la sobredimensión de esa red en particular y de otros sentimientos digitales en general nos haría esclavos de nuestras propias dudas. Si somos honestos y miramos en nuestro corazón antes de publicar algo, antes de vomitar una parte de nuestra realidad al resto del mundo, veremos que hay más ansiedad que seguridad. Pero, por alguna razón, una vez ese exceso líquido se vuelve sólido y coge forma de tuit, vídeo o *reel*, parece que nos define. Convivimos en un espacio de cobardía que nos conforma como comunidad, pero genera recelo cuando alguien se lo salta.

Feels Good Man es un documental de 2020 dirigido por Arthur Jones. Cuenta la historia de Pepe, un personaje de cómic creado por Matt Furie, una amable rana que se bajaba los pantalones y los calzoncillos para ir a mear. Tras subir sus viñetas a Facebook, el personaje de Furie fue engullido por la web 4chan para acabar convirtiéndose en un símbolo de la ultraderecha. A los fachas les hacía gracia, se agrupaban a su alrededor. Hemos visto a la rana Pepe en la cuenta de Twitter de Donald Trump, en banderas durante el asalto al Capitolio de Estados Unidos el 6 de enero de 2021 o en pines de chaquetas de líderes neonazis. Así definía uno de los entrevistados del documental esta relación entre algo muy ridículo y algo muy serio: «Para la ultraderecha, Pepe les permite fingir que están de broma. Pero no lo están. Quieren que, al mismo tiempo, te asustes ante sus amenazas y poder reírse de ti por haberte asustado en primer lugar. Crear un estado de angustia mental con el que obtienen mucho placer».

En *Making Flu$*, El Coleta habla de la importancia que tuvo ForoCoches para el desarrollo del trap en nuestro país, tras el éxito que había tenido el Tito MC con su primer tema viral. «Tanto *M.O es M.O* como *Swing* de D.Gómez empezaron a crecer porque los forocheros lo usaban para partirse la polla de nosotros; se veía como una prolongación del Tito MC; sin quererlo, él puso la primera piedra para que la gente se viralizara. Haciendo algo friki sin quererlo se abrió una puerta para que creciera la movida». Hoy ForoCoches sigue siendo para la mayoría ese lugar en el que, sin llegar a los extremos del anonimato salvaje de 4chan, también se mezcla troleo al PP (les enviaron unos mariachis a Génova cuando tuvieron unos malos resultados electorales en 2019), códigos propios y olor a rancio.

Pero desde su aparente irrelevancia, es capaz de redirigir tendencias o crear comunidades.

Pese a todo lo que pueda esforzarme en explicar las razones
y los motivos de la fama en internet, el LOL (*laughing out loud*,
es decir, partirse el culo) es más poderoso. Lo más terrorífico
de tener diez millones de seguidores es pensar que, al darte la
vuelta, puedan haberse ido, que todo haya sido un chiste, que
las razones por las que estabas triunfando no son las que tú
crees, que los *likes* recibidos son irónicos o, peor aún, que tus
críticas no significan nada, que la gente que te insulta ni siquiera sabe quién eres, pero tenerte como enemigo les hace crear
un vínculo con otra gente desesperada. Todas las páginas previas
a este párrafo no explicarán nunca del todo el *Harlem Shake*, el
Grumpy Cat o el *Gangnam Style*. Después de mirar al abismo
con respeto, solo queda esperar que te devuelva la mirada y
seguir tu camino.

Toca hablar de dinero.

VII
DINERO

El dinero no solo te compra una vida mejor, mejor comida, mejores coches, mejores coñitos. También te convierte en mejor persona. Puedes donarlo generosamente a la Iglesia o al partido político que quieras. Incluso hasta puedes salvar al puto búho moteado.

El lobo de Wall Street

Mientras Mónica Naranjo cobraba cincuenta mil euros por presentar las galas del *Benidorm Fest*, el certamen de RTVE que escoge la canción que representará a España en Eurovisión, su compañera Inés Hernand obtenía quince mil euros. El tercer presentador, Rodrigo Vázquez, siempre según los datos publicados por Televisión Española, recibía veinticinco mil euros por su trabajo. Al conocerse estas cifras, Hernand publicó un tuit que rezaba:

> Anda esta pequeñísima, testimonial y simbólica diferencia de cobrar 35.000€ menos que mis dos compañeros presentadores del

Benidorm fest fíjate qué risa y qué bien me sienta 🐼🐼🐼🐼🐼
🐼🐼🐼🐼

En 2018, después de que Kevin Spacey abandonase el proyecto por denuncias de abuso, Mark Wahlberg y Michelle Williams tuvieron que repetir ciertas escenas de la película *Todo el dinero del mundo*. Por el mismo trabajo, Wahlberg cobró un millón y medio de dólares, y Williams, ochenta dólares. Ambos tienen el mismo agente.[56] Jimmy Kimmel, presentador de los Oscar de ese año, hizo este chiste al respecto: «Mark Whalberg ha dicho que va a donar el millón y medio de dólares al fondo de defensa legal del movimiento #TimesUp. Michelle Williams, la pelota está en tu tejado: ¿a quién vas a donar los ochenta dólares?».

En la cima, las desigualdades se suceden por algo llamado «información asimétrica»; un mal que se puede encontrar en otros sectores, pero que campa a sus anchas en el cine, la televisión, la música, los deportes de élite o cualquier industria en la que los cachés sustituyen a las regulaciones o las negociaciones se producen a puerta cerrada. Se trata de la desconexión entre la información que un empleado tiene y la que otro posee, habitualmente sobre los detalles de lo que ocurre en su lugar de trabajo. Más allá de que un profesional pueda negociar mejor su sueldo o tenga más experiencia y merezca mayor retribución, el secretismo que rodea al dinero en la fama contribuye a un desequilibrio en el poder.

Si bien Michelle Williams o Inés Hernand pueden, como otros, sufrir reveses debido a su puntual falta de información, no

---

[56] Otro maravilloso chiste de Kimmel a este respecto: «Tengo que admitir que esto me ha sorprendido. Me conmovió, porque, si no podemos confiar en los representantes, ¿en quién podemos confiar?».

son las principales afectadas de un sistema de élites que beneficia la opacidad. Vivimos tiempos en los que, a la hora de calcular sueldos, la pereza y la costumbre conviven con planificaciones y mediciones sin alma. Los medios de comunicación hablan de cifras astronómicas («Las diez estrellas mejor pagadas de Hollywood», «¿Cuánto cobra Cristiano Ronaldo por una foto?»), pero rara vez amplían a las desigualdades que crean o a los intereses que se ocultan tras ellas. El espectador es quien debería ganar en transparencia para poder ejercer con mayor coherencia su consumo, o incluso, en el mejor de los casos, reducirlo por completo. Recorrer el mundo de la fama a través del dinero quizá sea el método definitivo para entender sus razones.

«It's a lot of money to the top (if you wanna rock and roll)»

En 2018 trabajaba como columnista para la web de AISGE, una entidad de gestión de derechos de propiedad intelectual para artistas e intérpretes. En mayo de ese mismo año publiqué dos artículos llamados *Los taxis del cine español (I y II)* en los que, animado por mi propia experiencia, recogía varios testimonios de actores acerca de los gastos en sus inicios. Inversiones tempranas, necesarias para obtener primeras oportunidades, pero inclementes con su debilitada situación financiera. Comparto algunos de los testimonios que recogí:[57]

---

[57] La idea me llegó leyendo una entrevista a Bárbara Lennie en *El Mundo*. La actriz recordaba que tuvo que acudir a un polígono para hacer una prueba y solo el viaje en taxi le costó cincuenta euros. A punto de plantearse abandonar, días después recibió la llamada que necesitaba: la habían elegido para el papel y aquel golpe de suerte le resolvió un año de vida. *I feel you, Barb*.

Cuando yo tenía seis años, antes de empezar *Cuéntame*, estaba haciendo *La Bella y la Bestia*, el musical en el Lope de Vega, en la Gran Vía de Madrid. Yo toda mi vida he vivido en Villalba, y los musicales los sábados hacen doblete y la función terminaba a las dos de la mañana. Mi madre no conducía por aquel entonces y para bajar a Madrid me acompañaba en autobús, pero para volver era muy tarde y a ella no le hacía gracia la idea de ir en un búho lleno de borrachos con su niño de seis años [ríe]. Y, bueno, pues muchas veces teníamos que coger un taxi hasta casa, que eran como unos setenta pavos. Al final el trabajo daba casi para cubrir esto y ya, así que sí era una inversión considerable. Es lo primero que se me ha venido a la cabeza. (RICARDO GÓMEZ)

Lo primero y más típico que nos pasa a la mayoría de los actores que vivimos en Barcelona y tenemos que ir a hacer pruebas a Madrid es que te llamen dos días antes, tener que pagar doscientos euros de AVE y, una vez allí, irte a la Ciudad del Cine.[58] […] Nada más llegar, tienes que ir a cambiarte a un baño de los Kinépolis. Haces la prueba para un personaje que normalmente ya está escogido, pero quieres que te vean: es una inversión. Luego sales, te pones el chándal en el baño y vas de vuelta a casa. […] Te cambias en los baños porque al llegar al *casting* tienes que estar impecable. Te piden estar muy guapa, con tacones, perfecta e impoluta. […] Para las galas te dejan el vestido, pero hay trampas. Por ejemplo, los zapatos. En los *showrooms* solo tienen la talla 37. Si tienes una diferente, tienes que acudir a una reserva imposible de zapatos que se supone deberías tener en casa. (BRUNA CUSÍ)

---

[58] Por si no lo sabéis, no está precisamente a mano.

La primera prueba grande que hice como actor me pilló en verano. Era un *callback* de un primer *casting* que había hecho en marzo, y me llamaron en agosto. Yo de aquellas estudiaba interpretación de septiembre a junio y en verano curraba de camarero en Formentera. Tuve que ir a Barcelona, mi jefe se cabreó bastante y me gasté un pastizal en un billete de ida y vuelta en temporada alta. Llegué a Barcelona, hice la prueba, volví a Formentera y... esa noche a darlo todo currando como camarero. (**MIKI ESPARBÉ**)

Cuando empiezas, vas a un *casting* en taxi para llegar tranquila y estar concentrada y preparada. Pero, pase lo que pase, te vuelves a tu casa en metro, o andando, porque la cuenta está en mínimos. [...] Otra cosa bastante habitual: comprarte ropa para hacer una prueba... y, en cuanto la haces, devolverla. (**MARTA NIETO**)

Pilotos que no se pagan, desplazamientos que tienen que correr de tu bolsillo, trabajo a cambio de publicidad y promesas que se escapan en el viento. Los primeros pasos para alcanzar notoriedad sangran la cuenta corriente de cualquiera. Incluso una vez obtenida cierta visibilidad, uno puede estar arruinado, puesto que fama y fortuna no siempre van unidas. Will Smith debía dinero a Hacienda mientras la gente le pedía fotos por la calle. Jorge Sanz vive de sus ahorros, cobra el paro y le debe los últimos años de su vida laboral a Santiago Segura y Antonio Resines, que cuentan con él para algún proyecto. Tina Turner se divorció de su pareja sentimental y creativa, Ike Turner, tras sufrir dieciséis años de maltratos. Para obtener su libertad con la mayor rapidez posible, renunció a la propiedad intelectual de su trabajo, cediéndosela a su expareja, y tan solo luchó por los derechos de su nombre artístico. Cuando retomó su actividad profesional, rodeada de deudas y sin dinero, tuvo que actuar en casinos y convenciones, y participar como estrella invitada en concursos de televisión y series. Todo para mantenerse económicamente.

El término *working poor* (trabajadores pobres) sirve para referirse a aquellos que, a pesar de tener un contrato, no alcanzan con su salario las condiciones para escapar de la pobreza. Quizá «pobreza» sea una palabra demasiado seria para definir muchas de las situaciones que acabo de mencionar, pero, en cualquier caso, la competitividad que favorecen las industrias de la fama, sumada a la práctica ausencia de regulación y a la cultura del postureo, permiten que la carrera por ascender esté repleta de asincronías entre popularidad y recursos.

DESIGUALDADES A LA VISTA

Nando Cruz es periodista musical. Su libro *Macrofestivales: el agujero negro de la música* llegó a mis manos días después de haber sufrido la primera edición del Primavera Sound en Madrid. Regalé unas entradas a mi novia[59] para ver a Depeche Mode que venían con colas interminables, un autobús lanzadera sin aire acondicionado que no pudo llegar hasta el recinto, media hora a pie por un campo en mitad de Arganda y una aglomeración asfixiante para ver a Kendrick Lamar. Pasarlo, lo pasamos genial mientras duró el festejo, pero la explotación a

---

[59] Oh, joder, qué buen novio eres, ¿no, Santi? Quieres que te demos una medalla, ¿eh? Cuéntanos más cosas de tu relación: ¿también friegas los platos?, ¿la escuchas cuando habla?, ¿te acuerdas de sus apellidos?

la que nos vimos sometidos antes y después solo encontró calma en las páginas de Cruz, que analiza, gracias a sus años de experiencia y con sinceridad contagiosa, el camino insostenible por el que transitan este tipo de eventos. Un camino que, entre otras cosas, favorece la desigualdad.

El macrofestival es uno de los contextos donde las desigualdades que alimentan el capitalismo campan más a sus anchas y con mayor crueldad. En pocos entornos laborales encontraremos artistas que ingresan un millón y medio de euros por una hora de concierto mientras al lado hay trabajadores de vigilancia, limpieza o restauración cobrando siete euros la hora o menos. […] El mínimo que se debía pagar en 2022 por hora trabajada era 7,82 euros. Ni siquiera estos mínimos salariales se respetan en todos los macrofestivales. Y aunque se respeten, el incremento del precio de los abonos que el público sufre año tras año no ha servido para mejorar los sueldos de los trabajadores de base; sirven, si acaso, para pagar mejor a los grupos más famosos. Los macrofestivales son el paraíso de la desigualdad. Festivales de la precariedad, que no solo se circunscribe al aspecto salarial, sino que afecta a muchísimos otros ámbitos.

La opulencia necesita la mirada del miserable para cobrar sentido. Los que viajan en *business* lo hacen a escasos metros del resto, separados por una minúscula cortina que permite entrever sus comodidades a los pasajeros que se resienten en asientos de clase turista. Los áticos de ciudades como Madrid pueden ser envidiados a pie de acera por los que pelean para permitirse un alquiler. En la cultura, esta división entre ricos y pobres se podía observar ya en la antigüedad, cuando las cla-

ses altas acudían al coliseo romano o a las justas medievales
sabiendo que disfrutarían de mejores vistas que la plebe. Las diferencias que intuimos hoy son las mismas, solo que hipertrofia-
das. Además, ya no solo participa la audiencia: hay gladiadores
millonarios peleando contra otros que llevan espadas de madera.

Al final sufren los mismos. De entre los muchos casos de
desigualdades que menciona *Macrofestivales*, me gustaría res-
catar este:

> El Primavera Sound es uno de los pocos festivales genera-
> listas que han abierto sus puertas al flamenco. En sus escenarios
> han actuado Enrique Morente, Soleá Morente y María José
> Llergo, entre otros. Fueron conciertos que los habituales del
> Festival de Cante Flamenco de La Mina no pudieron disfrutar
> debido al alto coste de las entradas. Se celebraban al lado de su
> casa, pero no eran para ellos. [...] Los festivales, pese a promo-
> cionarse como foros para la convivencia social y el descubri-
> miento cultural, suelen ser búnkeres impermeables a todas las
> realidades que no encajan en su modelo de negocio.[60]

Recuerdo ir con varios amigos a ver a los Rolling Stones en
Madrid. Era el año 2014. Teníamos entrada general de pista,
pero las primeras filas estaban rodeadas por una barrera que
indicaba que otro tipo de entrada, más cara, era necesaria para
acceder a ellas. Aun así, habíamos hecho cola desde tan tem-
prano que, por alguna razón, nos dejaron acceder al recinto más
cercano al escenario. Aquella fue una de las primeras veces en

---

[60] En 2023, los abonos del Primavera Sound Madrid costaban 325 euros. Las entradas de día, 125 euros.

las que me enfrentaba a esta técnica, hoy tremendamente popular en cualquier concierto multitudinario. Que las entradas cada vez sean más caras es responsabilidad de los monopolios y de la competitividad en la industria de venta de entradas, y también de la capacidad para fijar precios de los propios artistas. Lugares que antes representaban un espacio de convivencia, ahora te conminan a adivinar cuánto se ha rascado el bolsillo la persona que está unos metros más cerca de sus ídolos.

Las desigualdades conviven a plena vista, ya sean entre artistas, empleados o consumidores. Y lo hacen con más descaro que nunca. Los Oscar o los Goya premian a actores millonarios junto a técnicos mileuristas. Los Juegos Olímpicos recompensan el esfuerzo de ídolos mediáticos junto al de compañeros que no pueden vivir de su deporte. Las ligas profesionales de fútbol de todo el mundo adolecen de desigualdades entre sus jugadores y entre sexos. La idea de que quien más genera es el que más cobra reduce en exceso un debate que debería tener en cuenta la facilidad de acceso a ciertos puestos de responsabilidad, la capacidad para que un tipo de expresión cale en la sociedad o la subjetividad que implican los cachés.

Una vez llega el dinero

El dinero, el dinero loco, el dinero dinero, el dinero que coges y dices «Pero vaya sobrada de pasta», ese rara vez se genera actuando, componiendo o jugando bien al fútbol. Suele llegar a través de publicidad o de inversiones paralelas a tu profesión. El periodista Fernando Belinchón contaba en *Cinco Días* cómo el actor Ryan Reynolds había construido un patrimonio de

millones de dólares sin pisar un plató de cine, sino invirtiendo
en empresas y gestionando su venta:

> Con la ginebra Aviation Gin, Reynolds se embolsó 610 mi-
> llones de dólares en 2020 al vendérsela a Diageo. Tras la ad-
> quisición de Mint Mobile por parte de la titánica T Mobile,
> puede obtener 337,5 millones a cambio del 25 % que posee si
> las autoridades aprueban la operación. Nuvei, compañía espe-
> cializada en ofrecer servicios de pagos, es la última aventura
> inversora del actor. Pero Reynolds no solo aporta dinero; tam-
> bién, literalmente, da la cara por su inversión. Al prestar su
> imagen para aumentar la popularidad de las empresas de las que
> es accionista, según estima la agencia de noticias estadouniden-
> se Bloomberg, Reynolds ha dado el pistoletazo de salida a toda
> una nueva forma de relación entre los famosos y las marcas.

El artículo también menciona a George Clooney, quien
vendió su tequila *premium* Casamigos a Diageo; a Leonardo
DiCaprio, «uno de los principales accionistas de Diamond
Foundry, empresa de fabricación de diamantes sintéticos que
va a abrir una planta en Trujillo, Extremadura, en la que inver-
tirá seiscientos setenta millones de euros»; a Kim Kardashian,
«que fundó SKYY Partners para entrar en el capital de empresas
de moda, lujo, consumo electrónico, turismo y entretenimiento»,
o a Ashton Kutcher, «quien en 2010 creó A Grade Investments,
focalizada en posicionarse en *startups* de Silicon Valley».

Si las inversiones paralelas parecen una opción o incluso un
pasatiempo para las estrellas, digamos, analógicas, para las digitales han pasado a ser una necesidad. Cuando uno crece demasiado, el dinero que necesita de sus *sponsors* representa un por-

centaje demasiado alto de las partidas que las marcas dedican a patrocinios. Como no pueden financiarse sin marcas, crean las suyas propias (MrBeast tiene chocolatinas; Logan Paul, bebidas energéticas; Ibai, una liga de fútbol). Estas marcas pueden no tener mucha calidad, pero da lo mismo porque sus consumidores se ven atraídos hacia ellas por otros factores, habitualmente emocionales. Además no necesitan anunciarse: los *youtubers* que las dirigen son anuncios con patas. Los beneficios de publicidad no podrían ser mayores y el coste es cero. Elon Musk no ha puesto jamás un anuncio de Tesla en la tele; él es el anuncio.

Los ricos tienen la capacidad de diseñar estrategias financieras personalizadas, pues contratan equipos humanos para que se dediquen únicamente a la gestión de su patrimonio. Pero el dinero no solo compra mejores vacaciones o casas de ensueño. Ganar mucho dinero ofrece acceso a ciertas ventajas profesionales que corrompen, amañan y retuercen cualquier idea de competición equilibrada o justa.

Por ejemplo, ganar dinero permite romper lazos profesionales. Un empleado que gane poco no dejará su trabajo, ya que no tiene un colchón que le permita mantenerse mientras busca otras alternativas laborales. En cambio, un actor millonario podrá dejar una serie después de su primera temporada si la productora o la cadena no cumplen sus demandas de salario, igual que un futbolista de éxito puede negociar con dos o más clubes. Pero ya te digo yo que un defensa del Eibar o un secundario en *Servir y proteger*[61] lo tienen más difícil. La trayectoria de muchos

---

[61] Hice una prueba para *Servir y proteger*. Era para interpretar a un molesto periodista que rebuscaba entre los asuntos más sucios del cuerpo de policía. No me cogieron, la prueba fue desastrosa. Cuando entré, iba sin ganas; cuando salí, me dio rabia no haberlo hecho mejor. La vida, supongo.

artistas sin independencia económica se parece más a la que trazaría una barca a la deriva (empujada por olas de hambre y necesidad de cobijo) que a un plan bien diseñado.[62]

Ganar dinero facilita, a su vez, crear diferentes lazos profesionales. No solo contratar a asistentes, viajar para conocer gente o formar parte de un club privado. Por encima de todo, permite trabajar rodeado de talentos capaces de afinar tus cualidades. Editores, productores, estilistas. Los *Little Spain* de C. Tangana, el séquito de los Javis, los guionistas de *La Resistencia*. Cuando los Bee Gees se enfrentaban al olvido, a mitad de su carrera, su discográfica los conectó con el mejor productor posible para encontrar el nuevo sonido que estaban buscando. Así lo cuenta su documental *The Bee Gees: How Can You Mend a Broken Heart*:

> Nos iban a echar. Teníamos que adoptar un nuevo sonido, una nueva actitud. Así que el siguiente paso era conseguir a Arif Mardin para producir. Solíamos trabajar con otra gente, pero no eran productores, y este hombre era un productor. Hablamos de cómo de importante era conseguir un estilo rhythm and blues americano, y Arif era el mejor para eso.

De igual manera, la independencia económica permite huir de relaciones personales tóxicas, ya sean familiares o sentimentales. Tina Turner rompiendo con su exmarido tras años de

---

[62] Mientras entrevistaban a María Pombo, Alex Benlloch y Bruno Casanovas decían que el CEO de Lefties había recibido el siguiente consejo de Amancio Ortega: «Nunca hagas nada solo por dinero». Esta es, oficialmente, la frase más privilegiada de *Privilegiadolandia*. Hacer las cosas solo por dinero es la causa número uno por la que se hacen las cosas. Elegir cobrar menos dinero porque ese trabajo te gusta más es un concepto inventado en una agencia de publicidad situada en la calle Suelo Veranear en Sanxenxo, en la ciudad No Tengo Muy Claro Cómo Funciona La Lavadora, y el país Por Supuesto Que Seré Guapo Siempre.

maltrato, Ariel Winter emancipándose de una madre que era emocionalmente abusiva o Macaulay Culkin, con quince años, denunciando a sus padres por una mala gestión de su patrimonio son ejemplos de ello. Medrar proporciona un nuevo estado mental, una especie de revelación. Uno comienza a ser dueño de su propio destino. Al menos por un rato.

LOS FAMOSOS SE HAN CONVERTIDO EN NÚMEROS

Si el dinero garantiza mejores recursos, ¿cómo es posible que haya gente millonaria dirigiendo, diseñando o componiendo auténticos truños? El talento y la suerte siempre están ahí como excusa, pero el problema puede ser otro mucho más grave. Tom Cruise y Christopher McQuarrie (director de las últimas entregas de *Misión Imposible*) lo llaman «estar educados en la estupidez»:

> Aprendemos muchas malas costumbres. Pasamos muchos de nuestros años de formación escribiendo para superar a ciertas personas de una cadena. Tienes que escribir cosas que a ellos les parezcan una película, aunque en realidad no entiendan lo que es un documento rodable frente a un documento legible. Desarrollamos muchos malos hábitos por pura necesidad de supervivencia.
>
> Eso es, en gran parte, lo que alimenta la máquina de la mediocridad: muchos guionistas son educados para ser mediocres sirviendo a ejecutivos de bajo nivel, productores que han tenido un gran éxito y ahora de repente tienen toda esta autoridad. Tienes que pasar por ellos. Son solo porteros. Desde el

punto de vista político, puede que sepan cómo conseguir que
se haga un guion, pero en realidad no entienden lo que hay
que escribir para que la película se pueda rodar.

La calidad no es una opción estándar. Es un complemento
de fábrica.

Como explica McQuarrie en esta entrevista reciente para el
pódcast *ScripNotes*, estamos jodidos. La razón por la que, incluso con recursos, la mayoría de las expresiones culturales son
mediocres es porque la prioridad no es hacer algo *bueno*. Lo que
la mayoría busca, dentro de la cadena de mando de cualquier
empresa, es maximizar ingresos, reducir costes y, sobre todo,
tomar decisiones que, en caso de resultar un fiasco, no pongan
en riesgo su integridad en la compañía. Martin Scorsese, con
varias batallas ganadas a sus espaldas defendiendo la libertad del
autor, contaba en una entrevista para la revista *TIME* que las
presiones comerciales son ahora más brutales que nunca.

Cuando el dinero no contenta a los jefes, lo primero que se
cuestiona es la personalidad del autor. Su visión, lo que lo hace
único. Martin Scorsese, Francis Ford Coppola o Michael Cimi-
no fueron cuestionados por el sistema cuando dejaron de ser
rentables y comenzaron a ser audaces, ambiciosos, complejos.
Esta tensión histórica entre voluntad creativa y presión corpo-
rativa solo pueden aguantarla aquellos que tienen una carrera
consolidada o gozan de recursos suficientes para imponerse. Pero
si eres una mujer joven que acaba de recibir un gran encargo, un
estudiante al que le aprieta el alquiler o un inmigrante que ha
topado con su primera gran oportunidad, lo más probable es que
te adaptes a las exigencias de un mundo que prioriza lo medio-
cre. Y, con ello, disminuirá tu talento como creador.

Ahora mismo el arte es, para las empresas, tan solo un compendio de activos. Los actores, por ejemplo, tienen valor únicamente según su capacidad de venta. No lo digo yo, lo dice David Ayer. Uno de los tipos más quemados con el *star system*, vale, pero también un hombre que, tras salir de una vida en la calle, se puso a hacer cine y no se detuvo, desde el guion de *Training Day* hasta la más olvidable *Escuadrón suicida*. Esto reflexionaba en el pódcast de John Bernthal, *Real Ones*: «"Arte" es una palabra curiosa. No soy un ingenuo, lo que hacemos depende de un beneficio y se pierde en el discurso de las empresas que lo esperan. Es un producto. Eso es lo que hacemos. La gente que invierte quiere obtener algo a cambio. ¿Cómo? Con el reparto. Ahora mismo es como Matrix, tienen papeleo con cada actor. Puedo analizar un perfil y ver cuánto dinero hará su película en Reino Unido o en Francia. Se recopilan millones de datos para crear patrones y se analiza la rentabilidad de cada película según esos datos».

Netflix estrena serie y contrata a un actor desconocido. Cuanto antes se convierta en una estrella, mejor para difundir su contenido. Así que la plataforma se encarga de construir su perfil en redes sociales, llevarle a todos los programas de entrevistas, colocar su rostro en todos los festivales y estrenos, trucar el algoritmo hasta que creas que solo existe él. Por un lado, tienen registrado cada paso que ha dado, así que saben perfectamente en qué próximos proyectos encaja su perfil o para qué marcas es más interesante. Por otro, su ascenso no tiene valor objetivo, puesto que su fama es resultado directo de la maquinaria que se le ha ofrecido, y no de un talento demostrado o un carisma adquirido. Una empresa ha construido un fenómeno.

Lo usará un rato. Hasta que se lo venda a otra plataforma, o hasta que la líe. Porque si una compañía es capaz de crear famosos con tanta facilidad, ¿qué les impide destrozar a uno que haya salido con defecto de fábrica y volver a empezar? Si inviertes cien millones de euros en un proyecto, pero antes de comenzar a rodar, un actor protagoniza un escándalo, la decisión es muy sencilla: no se espera y se contrata a otra persona. El riesgo es demasiado alto; la inversión, demasiado grande. Por eso se beneficia la contratación de gente que pueda hacer su trabajo de acuerdo con los mínimos estándares de calidad. Y que no moleste.

Ojalá esta conversión en cifras, esta traducción «seres humanos igual a números» sirviese para al menos convencer al mundo del entretenimiento de que nadie es tan importante y de que todos somos prescindibles. Sería maravilloso encontrar cierta humildad detrás de los rostros más populares. Un atisbo de conciencia ante la irrelevancia de sus vidas. Pero nada, aquí todo el mundo sigue pensando que su éxito es auténtico y el de los demás es el que está amañado. La posibilidad de manipulación favorece la ausencia de crítica. Todos orgullosos, todos déspotas. Todos iguales.

Homogenización de los famosos

En 1997, Quentin Tarantino estrenaba *Jackie Brown*, su tercera película como director tras *Pulp Fiction*. Igual que había hecho con John Travolta, ofreciéndole un papel principal cuando nadie se acordaba de él para grandes proyectos, Pam Grier o Robert Foster fueron seleccionados para el reparto. Miramax quería caras más reconocibles, pero Tarantino insistió en que estos intérpretes eran perfectos para su guion. Así defendía su decisión frente al periodista Charlie Rose, mientras llamaba la atención sobre los defectos del proceso de *casting*:

> Una de las peores cosas de Hollywood es su falta de creatividad en lo que al reparto se refiere. Básicamente, siempre tienes los mismos nombres en esta lista que los estudios confeccionan. Es la misma lista de actores que trabajan en producciones de alto perfil. Cada poco, alguien se suma a la lista. No me refiero solo a Harrison Ford o a Tom Hanks. También me refiero hasta el último de los actores de reparto. El sheriff corrupto y su torpe asistente. [...] es por eso por lo que cuando vas a ver una película de Hollywood ves más o menos los mismos nombres.

Las grandes mesas de decisión, los ejecutivos o jefes de departamento que eligen a individuos para participar en sus productos, siguen criterios económicos y de percepción. Económicos, porque buscan beneficios, y de percepción, porque si esa ganancia no llega, nadie podrá exigir responsabilidades: ¡se ha seguido el camino más seguro! Además, la tendencia al monopolio de las grandes compañías conlleva una escasez de voces en la toma de decisiones. Por lo tanto, los procesos de selección de rostros para un proyecto comercial los lleva a cabo poca gente con criterios similares y buscando minimizar riesgos y maximizar ganancias.

Inevitablemente, esta dinámica da lugar a una falta de diversidad. Diversidad racial, de género, de orientación sexual, de orígenes e incluso de opiniones. No hay forma de penetrar en

el sistema si no se concuerda con o se parece a un estilo domi-
nante, porque el dinero solo engulle, no permite la colaboración,
la convivencia. Los grupos de personas que toman decisiones
conforman un circuito cerrado. Las agencias de representación
trabajan con los dueños de estudios cinematográficos o televisivos. Los lugares de exhibición como teatros, cines o plataformas digitales pertenecen a los mismos que producen actuaciones teatrales, películas o cualquier forma de contenido. Y si no
les pertenecen, tienen acuerdos con ellos.

Podemos seguir de la mano del exhaustivo trabajo hecho
en *Macrofestivales* y corroborar esta tendencia. Los conflictos
de intereses, explica Nando Cruz, enmarañan el circuito nacional de la música en directo de tal manera que «los que más
saben son capaces de detectar qué oficina de *management* está
detrás de la organización de un festival por el número de artistas que ha colocado en su cartel». Tú también puedes jugar a
este divertido juego. La próxima vez que *Masterchef Celebrity* o
Tu cara me suena saquen el nuevo plantel de concursantes, fíjate en cuántos comparten representante. Festivales de *stand up*
creados para alinear los clientes de una misma agencia, o cadenas que patrocinan un festival de cine para que sirva de plataforma para sus productos.

El síntoma más evidente de esta repartición injusta de la
tarta es la estandarización. Y los que lo sufren son los consumidores. Cruz no solo asegura que «cuando tantísimos eventos
están organizados por tan pocas empresas, el fantasma de la
clonación deja de ser una sensación abstracta», sino que, además,
acusa directamente a esta concentración de ser la responsable
de un aburrido panorama musical:

La forma más segura de encajar en un festival es, cómo no, tener un estilo festivalero. Pero ¿existe el sonido festivalero? Por supuesto. Es exactamente lo que piden algunos grupos a su productor cuando entran en el estudio a grabar ese disco con el que esperan petarlo en el circuito español. Hasta este extremo han cambiado las tornas: ya no son los grupos los que marcan el carácter de un festival. Ahora el festival puede influir en el estilo de esos artistas.

La tecnología también es una piedra en el muro que separa a un artista de la posibilidad de hacer algo diferente. Si todo el mundo emplea los mismos programas de edición, se obtendrán resultados similares. Además, por qué emplear las mismas herramientas de manera diferente, si estar a la moda es lo que probablemente te consiga trabajo en un primer lugar. El resultado a largo plazo de esta tendencia es la destrucción de la credibilidad de un producto y el hartazgo generalizado del público. La sobreexposición y la manipulación son capaces de generar años de ingresos, atención mediática y obsesión, pero no ocurre siempre. Cualquier individuo cuya carrera conlleve exposición, más aún si realiza una actividad destinada a ser consumida por el gran público, corre el riesgo de sufrir los vaivenes de una industria que solo quiere vampirizar su arte. Para personas particulares, subirse a la ola en un momento equivocado puede suponer la ruina. Para un movimiento, un género o una práctica, puede representar el fin.

Esto exactamente fue lo que ocurrió, en el mundo entero, con la música disco. De nuevo, el documental *The Bee Gees: How Can You Mend a Broken Heart* recoge la explosión y caída de este estilo. Un género que nació en la comunidad gay y negra de

Estados Unidos, de forma marginal. Se encontró con grandes obstáculos, como leyes que prohibían el baile entre personas del mismo sexo en clubes nocturnos con licencia para vender alcohol. Pero cuando la legislación se flexibilizó, la popularidad creció, aparecieron los beneficios y se comenzó a vender ese sonido de forma masiva. Surgieron grandes nombres (Donna Summer, Kool & The Gang, Earth Wind & Fire), otras estrellas crecieron alrededor de esta tendencia (James Brown, Michael Jackson) y su fiebre inundó al cine.[63] Cuando parecía que los suelos de colores y los pasos de baile que representan acciones cotidianas no se irían jamás, la avaricia rompió la bola reflectante. Miles de productos de baja calidad, como *Disco Duck* o concursos televisivos, terminaron por sentenciar el final de una industria que parecía inmortal. No solo eso, sino que también generaron el primer retroceso global, la primera respuesta negativa mundial. Adiós a los colores, a la felicidad y a la libertad de lo disco; hola a la oscuridad, al sonido pesado y al pesimismo del punk, el hard rock o el grunge. Este cambio, que en su superficie solo era por cansancio, en sus peores formas mostraba homofobia, racismo y odio. Los Bee Gees fueron las primeras megaestrellas en sufrir este repentino cambio de paradigma, algo que hoy en día cualquier artista internacional conoce bien.

Si todo el mundo se parece, si los caminos del dinero pulen las asperezas que cada individuo trae consigo, ¿cómo podemos interpretar situaciones más delicadas, como las avalanchas de solidaridad? ¿Es posible que alguien se comporte de forma genuina al llegar a la cima, si todo para lo que le han educado es

---

[63] Me gustaría recordar que *Fiebre del sábado noche* consiguió una nominación al Oscar para John Travolta.

para no molestar?, ¿si todo lo que ha sido recompensado en su carrera es aquello que resulta familiar? Los famosos tienen que parecer seres humanos. Pero hasta esa maniobra, que debería ser puramente espontánea, puede obedecer al frío cálculo del capital.

Fama comprometida

Hace años, a las empresas no se les exigía ser comprometidas. Ahora el mundo ha cambiado y se demanda que Fanta, Zara o HBO sean paritarias, ecológicas y que hagan del mundo un lugar mejor. Siendo personas jurídicas y no físicas, la única forma de otorgarles cualidades humanas es a través de un rostro que las personifique. Este puede, claro, ser un miembro de su organigrama. Walt Disney era la cara visible de su estudio, igual que Steve Jobs lo era para Apple o Bill Gates para Microsoft. Sus personalidades y las de sus compañías se entremezclaban, haciendo que Disney fuese tan accesible como Walt, Apple tan visionaria como Jobs o Microsoft tan inteligente como Gates.

Esta tendencia no es del todo aconsejable. Puede que, a corto plazo, la popularidad del empresario sirva para que sus productos ganen notoriedad. Pero a medio y largo plazo, depender de un ser humano obliga a limar asperezas.[64] Walt Disney era un fumador insaciable que murió tras una operación relacionada con un cáncer de pulmón y Disney borra de forma

---

[64] El CEO de Nestlé dijo hace años que había que empezar a cobrar a la gente por el agua. Señor mío, si quiere cobrar a quince euros el litro de agua, haga lo que siempre se ha hecho: monte un parque de atracciones.

sistemática los pitillos que sostenía en sus manos mientras posaba en fotos. Jobs se comportaba como un déspota con sus empleados. El matrimonio perfecto de Gates se derrumbó debido a sus infidelidades y a sus contactos con el delincuente sexual Jeffrey Epstein. Como vimos en el capítulo 3, tras el escándalo de Harvey Weinstein, muchos estudios de Hollywood evitan dar visibilidad mediática a sus principales ejecutivos. De esta forma, la caída del individuo no representa el final de la empresa, como ocurrió con Miramax.[65]

Los famosos funcionan mejor como rostros de productos. Cuando una empresa contrata a un famoso para una campaña, puede elegir. El CEO es el que es, con sus vicios y virtudes, pero el famoso se ha podido seleccionar. Se han hecho estudios previos, se ha analizado su trayectoria, sus opiniones, su vida. Si ese famoso se encuentra envuelto en una polémica, sus vínculos con la empresa son más débiles y pueden ser eliminados. No es un empleado. Gracias al buen funcionamiento de este tipo de colaboraciones, se ha creado una generación de *influencers* que crecen empujados por marcas. Esto, inevitablemente, modifica cómo se presentan al mundo. Recuerdo un diálogo que tuve con una persona muy famosa, fue algo así:

(persona famosa): —Yo no puedo decir lo que quiera, porque, si lo digo, pierdo una campaña.

---

[65] Es importante recordar que estamos hablando de empresas que quieren ser conocidas por el gran público, habitualmente porque su modelo de negocio se basa en la venta de un producto. Hay otras empresas que no tienen ningún tipo de empeño en que las conozcas, o en tener perfiles populares en redes sociales o en patrocinar un pódcast. Son las consultoras, fondos de inversión o gestoras que dominan el mundo. Sus oficinas se sitúan en los pisos más altos de los rascacielos más exclusivos. Sus empleados carecen de alma. No ponen su logo en la puerta. Existirán hasta que un meteorito extinga a la raza humana.

(yo): —¿Y qué prefieres? ¿Poder decir lo que quieras o hacer publicidad?

(persona muy famosa, famosísima): —La publicidad.[66]

Cuanto más blanca sea tu imagen, más posibilidades de ser captado por una marca. Hay matices, por supuesto. Los alcoholes favorecerán cierto *canallismo*, la moda se sentirá atraída por un nivel aceptable de transgresión. Y, por lo general, se favorecerá el activismo evidente. Nadie pierde oportunidades comerciales por decir que el cambio climático, la homofobia, el machismo, el racismo, el cáncer o la guerra están mal. Otra cosa es Israel y Palestina, la casa real, las elecciones generales, los derechos de los trabajadores de Amazon, las prácticas comerciales de Glovo o la insalubridad de la comida rápida. En la concreción aparece el problema. Si quiere hacer publicidad, el famoso debe mostrar un posicionamiento capaz de rodear una verdad incontestable con una fachada de riesgo.

Un caso llamativo, ante el cual gran parte del *star system* calla, es el de la evasión fiscal. Apple, Facebook, McDonald's, Ikea, Google y muchas empresas más se adaptan constantemente a la legislación, por mucho que esta cambie, para poder, según su actividad en nuestro país, pagar menos impuestos de los que les corresponden. Concentran el grueso de sus responsabilidades fiscales en países con baja tributación y evitan tener que rendir las cuentas necesarias. Su falta de compromiso es una de las razones clave para explicar la ausencia de fondos públicos que paguen las pensiones, que reparen la gotera en el polideportivo municipal o que mejoren la calidad del menú

---

[66] A veces la peña se queja y no sé de qué.

escolar. Sin embargo, nadie levanta la voz sobre este tema. Nos indignamos (como debe ser) cuando un par de *youtubers* se van a vivir a Andorra, pero lo cierto es que *influencers* de todo tipo, los más comprometidos y los menos, trabajan para grandísimos evasores fiscales. Mientras no haya repercusiones mediáticas, o de imagen, la inmensa mayoría de los famosos no dudarán a la hora de aceptar sus cheques.

Si esta falta de compromiso ocurre es porque el capitalismo reserva a los famosos un lugar en el que son indispensables para tapar sus fisuras. Especialmente en Estados Unidos, con un sistema público cuestionado y ávido de donaciones. Durante los peores meses de la COVID, el sistema hospitalario mundial se vio sobrepasado. Estados Unidos respondió a la crisis con cientos de celebridades realizando donativos. Era habitual encontrar, junto a vídeos de YouTube pertenecientes a canales norteamericanos, un botón que permitiese a los espectadores donar a la fundación elegida por el dueño del contenido. Por suerte, en España rara vez miramos hacia nuestros millonarios cuando las cosas fallan. En el caso concreto de la COVID, la indignación popular se enfocó hacia nuestros representantes políticos, cuyas prácticas ponían en riesgo nuestra sanidad. Cuando Amancio Ortega compra equipo médico para varios hospitales, un importante sector de la población entiende que, pese a la generosidad mostrada, estos gestos representan parches a nuestro sistema. Comenzar a depender de ellos sería hacerle un flaco favor a una sanidad pública que, si bien frágil, todavía hoy es sinónimo de calidad de vida.

Depender del dinero privado es siempre un riesgo. Cuando una marca apoya a unos, deja de apoyar a otros. En esta capacidad de decisión se evidencia la ausencia de vinculación real con la causa, y la necesidad de crear una estructura que la sostenga sin depender de explosiones puntuales de generosidad. Entre 2012 y 2018, Gas Natural (ahora Naturgy) se convirtió en uno de los principales mecenas del cine español. Patrocinaba varios festivales (Málaga, Sitges, San Sebastián), sufragaba rodajes, financiaba galas de premios (los Feroz, ciertas actividades de la Academia de Cine) e incluso sostenía el mantenimiento de más de cuarenta salas de exhibición mediante un acuerdo con Cinesa. Su cambio de estrategia deja huecos en la financiación de una industria que tendrá que buscarlos en otras marcas. Lo mismo ocurrirá, cuando cambie la cúpula directiva o el panorama social actual, con Iberdrola, motor privado del deporte femenino en nuestro país. Las subvenciones públicas, aunque también sujetas a cambios de gobierno, representan una mejor fórmula de financiación para industrias frágiles, una que depende de todos nuestros votos, no de las manías de unos pocos.

Promocionar, distraer o manipular

Evidentemente es posible que un famoso emplee su popularidad para difundir una buena causa; un motivo noble que no le reporte beneficio económico directo ni esté asociado con una empresa. Lo vemos cada día. Pero incluso cuando todo parece estar dirigido hacia una razón altruista y positiva, cualquiera de estas muestras de bondad es un ejercicio de riesgo y está repleto de zonas grises. No dejes que un par de caras amables, un gato mono y mucho despliegue visual te convenzan de sus buenas intenciones, aunque digan querer «denunciar a los enemigos

de la verdad y el amor». Es probable que quieran robarte tu
Pikachu.

La intención es el primer gran debate, y tiene una difícil
solución. ¿Cómo sabemos si un famoso está siendo sincero al
dar voz a una causa? Mientras su premisa sea caritativa, ¿importa que lo haga para lavar su imagen o porque le convenga a nivel
fiscal? ¿Cualquier mensaje a favor de algo universalmente reconocido como bueno debe ser bien recibido? ¿Incluso si viene de
una persona que no cree en él? Existen ejemplos en los que
advertir, de manera más sencilla, que una celebridad se está mojando de verdad, y son aquellos en los que su compromiso le
reporta más esfuerzo o sufrimiento que ganancias. David Ayer
hablaba así sobre sus conclusiones a la hora de explotar comercialmente una historia: «¿Estoy robando historias que no son
mías? ¿Qué contamos, qué no contamos, qué es mi responsabilidad? Si hago una película sobre la calle, claro, tengo que meterme ahí y hablar con gente. Tengo que ser respetuoso. […]
Conozco a gente que está en la cárcel y sus vidas no son ficción,
no son herramientas para ser usadas. No son algo para extraer
valor. Si estoy contando tu historia, tengo que respetarla».

El término «salvador blanco» (traducción del inglés *white
savior*) se ha popularizado en los últimos años como expresión
para definir a aquellos individuos privilegiados que hacen ostentación de su ayuda hacia los más desfavorecidos. El síntoma
más habitual de esta enfermedad primermundista, que cobró
forma con el primer *Live Aid* de Bob Geldof, es la selfie con
niños africanos. En 2015, en *The Guardian*, Adekeye Adebajo,
director del Centro de Resolución de Conflictos de Ciudad del
Cabo (Sudáfrica), reflexionaba sobre este hecho. Según él, los
esfuerzos de los famosos por «salvar África» a menudo han

servido más para reforzar los estereotipos negativos de los medios de comunicación sobre el «continente negro» y para presentar a sus mil millones de ciudadanos como víctimas indefensas. A menudo, para Adebajo, celebridades ingenuas han bruñido sus propias reputaciones como nuevos misioneros de una época problemática: Geldof y Bono pretenden «acabar con la pobreza», George Clooney está «salvando» Darfur, Madonna ha adoptado niños en Malawi como si comprara nuevas mascotas, mientras que el príncipe Harry se dirige a Namibia para «salvar» al rinoceronte negro. Este culto a la celebridad ha llevado a menudo a un peligroso atontamiento de temas serios, dejando de lado otros esfuerzos populares innovadores y resistentes.

Pero incluso dentro de esta mala interpretación de la fama puede haber matices. Una cosa es ser la *influencer* Dulceida, que en 2018, mientras estaba de vacaciones en África, subió una foto de varios niños a los que les había regalado unas gafas de sol, con el texto: «Una hora con ellos no ha sido suficiente! Feliz por haberlos hecho sonreír!», y otra, ser el *youtuber* MrBeast, que a finales de 2023 hizo un vídeo narrando los cien pozos de agua que había construido en África. Aunque perpetúa muchos estereotipos y supone parches en sociedades con problemas más graves que deberían ser resueltos por exigencias de la comunidad internacional y no con inversiones arbitrarias de filántropos, las condiciones son otras. En el vídeo de MrBeast, la gente a la que ayuda tiene voz, presencia, y explica su situación. Y las mejoras que implanta son muy necesarias.

El segundo problema que ofrece la involucración de un famoso con un proyecto benéfico son las repercusiones negativas. Como hemos visto, por cada mil fans que acumula un cantante, puede que acumule decenas de miles de detractores. La exposición llevada al límite conlleva falta de credibilidad, destruye cualquier rastro de pureza y lo convierte en hipocresía. Cuando entre los famosos se hace viral apoyar a un partido político progresista o a una llamada popular de auxilio, no vendría mal reflexionar sobre la imagen que uno proyecta. Pertenecer a las filas de una causa, según el perfil, puede despertar odios más perjudiciales que cualquier pequeña dosis de cariño que consiga. Si, siendo consciente de esto, el famoso mantiene su activismo, importa más el éxito propio que el fracaso ajeno.

Un famoso es un altavoz que puede ser manipulado por otros con más poder. A lo largo de su carrera, Oprah ha hecho de megáfono para diferentes candidatos a ocupar el Despacho Oval. Meses después de que George W. Bush alcanzase la presidencia, por supuesto habiendo pasado por el programa de Oprah, el cómico Chris Rock culpó directamente a la presentadora de entregar la Casa Blanca a los republicanos: «Hiciste que Bush ganara. Vino aquí, se sentó en el sillón y tú le diste el triunfo a ese hombre. Sabes que fue así». Oprah lo negó entre risas, pero su relación con la Administración Bush fue, como poco, estrecha. E incluso llegó a confesar haberse sentido «tremendamente utilizada» por ellos. Más adelante, Oprah apoyaría a Obama, esta vez de forma clara, y para Conan O'Brien, autor de este chiste, transparente: «Obama salió para una cena romántica, a la luz de las velas, solo con su esposa y Oprah».

Otro uso negativo que nuestro sistema actual hace de los famosos es el de emplearlos como cortinas de humo, como herramientas de distracción. El poder puede necesitar mover el foco de atención de un lugar a otro y, para ello, existen personas que son el vehículo perfecto. Si soy un estudio que no paga a mis empleados de forma justa, qué mejor que lanzar una rueda de prensa junto a una megaestrella para posicionarnos a favor o en contra de un problema del que ayer no hablaba nadie. Si soy un político que tiene graves problemas de imagen, todo se arregla apareciendo en un par de programas con presentadores afables, o jóvenes, o afables, jóvenes y con peluches, o en el que me despeinen. Si soy un galardón tan polémico que mi retransmisión se canceló el año pasado tras severas acusaciones de racismo, quizá pueda justificar mi regreso pagando medio millón de dólares a un cómico negro.[67]

Siendo más concretos, seguro que os sonará el *sportwashing* o blanqueamiento deportivo, término que se utiliza para referirse a la utilización del deporte por parte de personas, países o instituciones para mejorar su imagen. Países que en la actualidad cometen violaciones constantes de los derechos humanos se benefician de su asociación con deportistas de élite o torneos masivos. Qatar se llevó la Copa Mundial de Fútbol a pesar de que su país sigue discriminando a las mujeres por ley, restringe la libertad de expresión o condena con prisión conductas homosexuales. El príncipe heredero de Arabia Saudí, señalado internacionalmente por el asesinato del periodista Jamal Kashoggi, lleva desde 2016 promoviendo el fichaje de megaestrellas del deporte para que estas desarrollen escuelas, residencias o competiciones en su país. Lionel Messi, Karim Benzema, Neymar, Cristiano Ronaldo, Jon Rahm, Rafa Nadal

---

[67] En 2023, después de no haber sido retransmitidos en 2022 por acusaciones de corrupción y racismo, los Globos de Oro regresaron con Jerrod Charmichael, un cómico negro, como presentador. Cobró medio millón de dólares por su trabajo. Aquella noche, sus primeras palabras fueron: «Os diré por qué estoy aquí. Estoy aquí porque soy negro. [...] Un día estás haciéndote un té en casa y un minuto después te invitan a ser la cara negra de una conflictiva organización de blancos».

o Fernando Alonso participan directa o indirectamente en la promoción de un país que Amnistía Internacional relaciona con términos como «tortura», «ejecuciones colectivas», «juicios arbitrarios e injustos», «condiciones inhumanas» o «pena de muerte».

El dinero configura nuestra imagen del mundo

Hace años trabajaba en una agencia de comunicación especializada en gastronomía. Mi objetivo principal era llevar la prensa de mis clientes, es decir, conseguir impactos de restaurantes, hoteles o marcas de alimentación en periódicos, revistas, televisiones, etcétera. Buscando convencer a los periodistas de que incluyesen nuestros productos en sus reportajes, solíamos invitarlos a comer para que pudiesen probarlos. ¿A quién no le gusta una hamburguesa gratis? Salvo debacle, cuando días después aparecían reportajes como «Las diez mejores hamburguesas de Madrid», una de las elegidas era la de nuestro cliente. Cualquier lector, ajeno al funcionamiento de los entresijos de la prensa moderna, podía pensar que esas diez hamburguesas estaban cuidadosamente seleccionadas, que había existido un exhaustivo proceso detrás del descarte del resto. La realidad es que nuestros clientes tenían una agencia de prensa y la hamburguesería de tu barrio no.

En 2022 cubrí para la revista *SOFILM* el mayor festival de comedia jamás realizado en la historia del *stand up*, organizado por Netflix en Los Ángeles. Se llamaba *Netflix Is a Joke*. Esta fue la única crónica sobre el evento realizada por un medio español. Alberto Lechuga, redactor jefe de *SOFILM*, y yo llevábamos meses detrás de la oportunidad de cubrir ese festival. Gracias a la ayuda de amigos, y a nuestra insistencia, pude obtener una acreditación. ¿Cómo puede ser que en otras ocasiones Netflix nos pagase viajes, hoteles, nos pusiera todas las facilidades posibles, y en cambio, ante la propuesta de una cobertura exhaustiva de este imponente evento, yo me financiase el viaje y el hotel por mi cuenta? La versión no oficial es sencilla: a Netflix se la trae floja promocionar el *stand up* en nuestro país. No es una prioridad. Sí lo son *Élite* o *Stranger Things*.

El público considera relevante aquello que obtiene repercusión en los medios. Atribuye a una portada un criterio periodístico. Si Jake Gyllenhaal aparece en la primera página, todos los actores que no aparezcan son, por tanto, menos importantes que Jake Gyllenhaal, casi de manera objetiva. En realidad, aquello que llega a ojos del público lo hace, en un altísimo porcentaje de casos, por la facilidad de acceso que reporta una promoción. Eliminado prácticamente en su totalidad el periodismo de investigación en nuestro país, nuestros periodistas suelen ser voceros u opinadores. Pueden publicar aquellos contenidos que les llegan por diversos intereses, por lo general económicos, o tamizarlos a través de su mirada.

Esto no solo es dramático a nivel de opinión, sino también en el plano cultural. No solo una población convencida del valor que posee el criterio del dinero está condenada a vivir entre ilusiones de éxito. Además, mientras un grupo exclusivo de plataformas o empresas inviertan mayores cantidades de pasta en producir un tipo concreto de entretenimiento, esto modificará el presente cultural de países cuya industria audiovisual navega los cauces que abre la inversión privada, como es el caso de España. Es decir, si Netflix y Amazon basan su es-

trategia de captación de clientes en ofrecerles un mayor número de, pongamos, *realities*, podemos asegurar que las producto-
ras nacionales se devanarán los sesos para ofrecerles propuestas
que se alineen con sus inquietudes. El arte y el consumo son ya
inseparables, algo de lo que advertía Richard Hamilton hace
décadas: «El artista en la vida urbana del siglo xx es inevitablemente un consumidor de la cultura de masas y un potencial
contribuyente a la misma».

Las empresas con recursos pueden manipularlo todo, saben
que la auténtica riqueza se obtiene tras transformar la percepción del consumidor. Y si no, que le pregunten a Roderick
Usher. El magnate de *La caída de la casa de Usher*, la serie de
Mike Flanagan, interpretada por Bruce Greenwood, describe
en un certero monólogo qué hacer si la vida te da limones:

Primero lanzas una campaña para convencer a la gente de
que los limones son muy escasos, eso funciona si los almacenas
y controlas el suministro. Luego, un bombardeo mediático. Son
la única manera de decir «te quiero», el accesorio ideal para
fiestas o aniversarios. Las rosas ya no se llevan, los limones sí.
Carteles que dicen que no se acostará contigo salvo que tengas
limones. Metes a De Beers en el ajo, pulseras de limones, diamantes amarillos llamados «gotas de limón». Consigues que
Apple llame a su nuevo sistema operativo OS-Lemón. Con
acento en la «o». Cobras un pico por limones ecológicos, otro
más por limones libres de conflicto. Llenas el Capitolio de
lobistas del limón, haces que una Kardashian chupe un gajo en
un vídeo filtrado. Timotheé Chalamet lleva zapatos color limón
en Cannes. Haces una campaña de hashtags. Algo no es «guay»
ni «total» ni «alucinante», no, es «limón». «¿Viste esa película?

¿Viste ese concierto? Fue superlimón». Billie Eilish, «OMG, hashtag... limón». Consigues que los médicos recomienden cuatro limones al día y un supositorio de limón para deshacerte de las toxinas porque nada da tanto miedo como las toxinas. Patentas las semillas. Escribes un código genético que los hace más parecidos a las tetas... y patentas la secuencia de ADN de los limones-tetas. Polinización cruzada y consigues que las semillas circulen. Demandas a los granjeros por infracción de *copyright* cuando el código aparece en su tierra. Te relajas, recoges el dinero y entonces, cuando acabas, has vendido tu imperio de limones por miles de millones. Y llega el momento de hacer la puta limonada.

Puede que este monólogo sea ficción, pero existen tantos casos reales como necesitéis. La web Rotten Tomatoes ha sido, durante años, el portal de críticas más relevante para la taquilla mundial. Su funcionamiento es sencillo: recopilando críticas profesionales y de usuarios, ofrecía porcentajes de éxito (tomates frescos) o fracaso (tomates podridos) para guiar a los espectadores que buscaban disfrutar de un estreno. Sus veredictos habían demostrado su eficacia para potenciar o sentenciar la taquilla de una película. La web Vulture publicó en septiembre de 2023 un reportaje que certificaba corrupción alrededor de su método. Según este artículo, varias compañías de publicidad pagaban a críticos de bajo nivel para inflar sus reseñas y conseguir mejores puntuaciones. Los que no realizaban pagos directos, conseguían que críticos afines publicasen sus reseñas con anterioridad al resto, organizando pases exclusivos para periodistas amigos. La web registraba esas opiniones con prioridad, creando un clima de opinión positivo.

Otro caso interesante: el pódcast en España. Tras el éxito del formato de radio en internet en Estados Unidos, en los últimos años hemos visto un desembarco de plataformas como Podimo, Spotify, Sonora o Audible. Empresas que han convertido a toda una generación de creadores en peña pegada a un micrófono, porque ahí es donde está el dinero. La estrategia del sector pasa por contratar a personajes públicos con una comunidad muy amplia y darles un programa con el que no sientan vinculación alguna o por acudir a pódcast que tienen grandes números de visitas en abierto y comprar a sus autores versiones muy similares de estos para incluir en su catálogo. Es una industria de números, única y exclusivamente. Pódcast para latas de atún. Si el contenido que los famosos producen está al servicio de la demanda y no de sus propias inquietudes, viviremos rodeados de periodistas, expertos en belleza o cómicos según convenga y según se pague. Las inversiones son tan poderosas, que hará falta afinar todos los sentidos para distinguir a auténticos creadores de aquellos que solo buscan asaltar el tren del dinero.

También es una industria que vive en una burbuja de aceptación y prestigio. Los *rankings* de mejores pódcast se mueven por el interés y los acuerdos comerciales, las escuchas son objetivas, cierto, pero las promociones agresivas ayudan, los festivales incluyen en sus carteles a amigos, el mérito y el esfuerzo son sepultados por lo claro que lo deja todo un *story* en Instagram. Sigue habiendo plataformas que no pagan y creadores que aceptan trabajar gratis porque ni son creadores ni son nada, son pijos. Hemos pasado del «todo el mundo tiene un pódcast», que era algo bonito, una utopía de emisoras con pasión por generar conversaciones, a la élite de los pódcast, una raza de privilegiados que jamás han querido hacer lo que hacen, sino que sencillamente se han subido a un carro. Legítimo, pero triste. Cuando todo esto termine, porque terminará, solo quedará tierra quemada. Los más listos habrán sido capaces de advertir la siguiente tendencia del mercado y se pasarán a ella como quien cambia de vajilla. Otros, sin capacidad de reconectar con su público o sus mecenas, vagarán por la tierra sin manual de instrucciones. Centrémonos en ellos. Veamos qué podemos aprender del final de la fama.

VIII
EL FIN DE LA FAMA

Nadie lo oyó, al muerto,
aunque aún yacía lamentándose:
¡Yo estaba mucho más lejos de lo que pensaban!
¡Y no saludaba! ¡Me estaba ahogando!

Pobre hombre, le encantaba divertirse.
Y ahora está muerto,
demasiado frío para él, tuvo un paro cardiaco,
decían.

Oh, no, no, no, siempre está muy fría
(seguía lamentándose el difunto).
Toda la vida estuve demasiado lejos.
¡Y no saludaba! ¡Me estaba ahogando!

STEVIE SMITH

Una vez estaba en Lanzarote. Me había invitado Jose Fernández, periodista de TVE. Él es autóctono de la isla y forma parte de la organización del Festival Internacional de Cine de

Lanzarote. Participaba como jurado en la categoría de cortometrajes de animación. Que no es por quitarme méritos, que
soy crítico de cine y juzgo lo que me eches, pero es evidente
que estaba allí porque Jose es amigo, porque él había sido jurado de los Yago (unos premios que organiza un servidor) y porque ese era el hueco que había encontrado. Lo de siempre, que
seguro que hay talento, pero principalmente hay contactos,
apoyos. Si has llegado a este capítulo, sabes de qué hablo.

Creo que pasé tres noches en Lanzarote. Una tarde, el festival organizaba una mesa redonda con los miembros del jurado. Ahí estábamos Álvaro Cervantes, Ricardo Gómez, Marina
Seresesky, Fernando Colomo,[68] Pilar Palomero y yo. Yo me
quiero mucho, pero una vez más tenía esa sensación que me ha
acompañado toda mi carrera, la de ser el que se ha colado, la de
ser el tipo que no quería meterse en este sarao de la actuación,
o la tele, pero le vino, se subió a ese tren, y ahí sigue. Yo qué sé,
ya te lo imaginas. Llega el turno de las preguntas del público,
y una niña, bendita persona, se lanza y dice: «¿Qué habéis aprendido del fracaso?». Tras alguna respuesta del resto de los po-
nentes, me lanzo y le cuento que el fracaso, como el éxito, son
etiquetas externas. Son el resto los que dictaminan nuestro
valor, con premios o con indiferencia, con caricias o con rechazo. Yo dejé que un aparente fracaso, como fue no ganar un Goya,
definiese lo que era, cómo me sentía. Necesité tiempo para
dejarlo atrás y entender que ganar o perder aquel galardón no
modificaba la calidad de mi trabajo. No la mejoraba ni la empeoraba. Al fracaso se le trata igual que al éxito: siendo com-

---

[68] Fernando Colomo es la mejor persona del mundo. Es un señor divertidísimo, lleno de historias que contar. Se fuma un porro todas las noches antes de acostarse. Genio.

pletamente honesto ante él. Solo ejercitando nuestra capacidad de autocrítica sabremos dónde nos encontramos y no dependeremos de voces externas para entender lo que hemos conseguido o conseguiremos. Un hombre sabio decía que si agradecemos estar vivos, debemos encontrar felicidad por igual en los buenos y en los malos momentos. Ninguno quiere sufrir, pero el sufrimiento es condición indispensable de la existencia, peaje necesario para experimentar cada cálido rayo de sol en invierno, cada sabroso plato de comida, cada abrazo de un ser querido. En este último capítulo del libro trataré de analizar qué ocurre cuando la fama se evapora.

Irse

La primera forma de terminar con la fama es decidir acabar con ella. La imagen universal alrededor de este fantástico premio es tan sólida que pensar en su aniquilación voluntaria suena a locura. Quién querría terminar con esa vida. Puede que no sea perfecta, pero seguro que es mejor que las del resto. La hierba es más verde detrás de esa colina, pero también el paisaje es mucho peor si nos damos la vuelta. Sigue adelante, no te pares. Consume y deja que te consuman. Hay quienes no comulgan y se detienen. Las razones pueden ser numerosas, pero se engloban en dos tipos: agotamiento y privilegio.

El agotamiento ocurre a mitad de camino, cuando no se ha exprimido del todo el alma del famoso. Todavía quedan secuelas por rodar, giras por hacer, campeonatos que jugar. Pero algo lo detiene. Encuentra un refugio en el que poder hacer un alto.

En vez de quedarse una noche, decide construir su casa. No tiene por qué representar una retirada total de su exposición pública, pero necesariamente implica una disminución de la locura a su alrededor. El agotamiento se vislumbra en pequeñas decisiones: acudir a menos eventos, reducir la carga de trabajo, invertir más tiempo en la vida personal.

Un ejemplo drástico de agotamiento es el de Beatriz Montañez. Conocida por su trabajo como presentadora de *El Intermedio*, en mayo de 2017 decidió dejarlo todo e irse a vivir al monte.[69] Se fue para intentar encontrarse a sí misma, dándose cuenta de que aquello que tenía estaba más vacío de lo que el mundo le había hecho pensar. Se mudó a una casa que, en un principio, no tenía internet o electricidad. Poco a poco la fue reformando, y ahora es un hogar para ella. Hasta donde conocemos, sigue viviendo allí y, como ha confesado en varias ocasiones, no echa de menos lo que tenía. Lleva una vida rodeada de naturaleza y se dedica a escribir libros como *Niadela*, en los que relata los retos de una existencia fuera de lo establecido. Por desgracia, ha denunciado comportamientos de indeseables que han llegado a acudir a su casa perturbando su legítima paz.

Este cese de actividad no suele durar para siempre. Retirarse es emocionalmente complejo. Volver a casa, intentar recuperar una rutina después de haber experimentado emociones

---

[69] En 2022, *Página Dos* emitió una entrevista a Beatriz Montañez en la que ella decía que en mayo de ese año se cumpliría el quinto aniversario de su retirada al monte. De ahí esta fecha. Para corroborar lo que menciono, lo de que el agotamiento no implica irse para siempre, en 2018 coincidí con ella en una fiesta por el estreno de *Muchos hijos, un mono y un castillo*, de la que ella es guionista. Recuerdo pensar que era una persona increíble. Fue majísima conmigo y con mis amigos. Creo recordar también que le dijimos si se quería tomar un chupito con nosotros (yo qué sé, tenía veinticinco años, así me relacionaba con la gente) y juraría que se lo tomó y luego añadió que era la primera vez que probaba el alcohol, ante lo cual pensamos que era un poco raro haber gastado esa bala con tres *pringaos* a los que acababa de conocer, pero oye. Una jefa.

inexplicables, es difícil. «You come home with your mutant gifts / to a house of bone».[70] ¿Cómo se retoma el hilo de toda una vida? ¿Cómo seguir adelante cuando en tu corazón empiezas a entender que no hay regreso posible, que hay cosas que el tiempo no puede enmendar, aquellas que hieren muy dentro, que dejan cicatriz? Por eso los actores dicen que sí, las bandas se reagrupan y los deportistas comienzan a entrenar. Porque llevan siendo, desde la adolescencia, un cuerpo educado para la vida pública, no para el disfrute del ámbito privado. No saben qué hacer con su libertad, pues desde hace años su cerebro ha sido entrenado para un solo propósito: su carrera.

El agotamiento precisa de cierto nivel de confort. Es una decisión que se toma cuando llevas colgado a la espalda un paracaídas económico. Quizá implique buscar otras fuentes de ingresos a medio plazo, pero hay una relajación en la renuncia. El famoso se va porque sabe que no va a vivir mal. Sin embargo, en el privilegio, la tranquilidad es absoluta. La renuncia a la fama, en los casos más extremos de la misma, se desarrolla con la tranquilidad y la ceremonia con la que un rey renuncia al trono cuando su reinado ha finalizado. Algún titular aquí, otro allá, alguna entrevista tiempo después o incluso pequeñas apariciones públicas no empañan la retirada de aquel o aquella que lo ha conseguido todo.

El privilegio llega cuando uno tiene tal nivel de comodidad que puede renunciar de manera absoluta a cualquier aparición pública. Es una búsqueda de paz. Cameron Diaz dejó de participar en películas tras hacer *Annie* en 2014. En 2022, Jamie

---

[70] Poema de Eva HD llamado *Bonedog*. En él habla de las dificultades de regresar a tu casa familiar, al hogar de tu infancia. «Vuelves a tu hogar con habilidades mutantes / a una casa hecha de hueso».

Foxx anunció que estaba trabajando con Diaz en una nueva
película para Netflix, idóneamente bautizada *Back in Action*.
Los ocho años que separan ambas fechas han transcurrido para
la actriz de *Vanilla Sky* sin grandes sobresaltos. No hubo rueda
de prensa, no hizo falta comunicado. Sencillamente dejó de
aparecer en películas. Sacó una línea de vinos orgánicos llamada Avaline y escribió un par de libros de autoayuda. Se centró
en ser madre, en jugar a la Play o en ponerse al día con *One
Piece*. Pero fue capaz de completar este proceso porque tenía
todos los medios para hacerlo posible.

La razón última para poder abandonar un estilo de vida u
adoptar otro es ser capaz de sostenerse financieramente. Peter
O'Toole contaba en 1990 que aceptaba cualquier buen papel
que le llegase: «Y si no hay buenos papeles, haré lo que sea, solo
para pagar el alquiler. El dinero siempre presiona. Y esperar al
personaje adecuado puede llevarte una eternidad. Así que sigo
adelante y lo hago lo mejor que puedo». En una entrevista para
la revista *GQ*, Ethan Hawke describía una conversación con el
director Paul Schrader sobre grandes actores y carreras en la
vejez. Hawke quería saber por qué tantos directores y actores
icónicos (Scorsese, Pacino, Hackman, Hoffman, Nicholson, De
Niro) no estaban haciendo el mismo tipo de trabajo que hacían
en los setenta. Por qué sus películas parecían peores, menos
relevantes. Para Schrader, guionista de *Taxi Driver* y director
de *El maestro jardinero*, todo era un tema económico. El estilo de vida de clase media, defendía, no es suficiente para estas
estrellas, y tienen que seguir alimentando la rueda.

Los casos de fama en la industria pornográfica son muy
reveladores en este sentido. La fama en el sexo para adultos
funciona, al menos en teoría, al revés que la fama en otras in-

dustrias. Los intérpretes porno quieren escapar de ella. No existen casos de actores o actrices de cine convencional que hayan
dicho: «Tuve que volver a hacer una serie porque no podía pa-
garme el alquiler», pero sí hay muchas historias en el porno de
mujeres u hombres que intentaron llevar vidas convencionales
pero regresaron a los rodajes por presiones económicas. Aunque
parezcan negocios separados, lo cierto es que ambas industrias,
la pornográfica y el cine tradicional, deshumanizan a sus actores.
La privación de identidad a la que se enfrenta la pornografía es
total, pues los cuerpos se convierten en meros instrumentos para
el disfrute primitivo del espectador. Sin embargo, en el resto de
los casos en los que un actor no necesita desnudarse, esa instru-
mentalización no se queda muy atrás. Un actor de Hollywood
también puede ser usado como una herramienta promocional,
recibir acoso, tener su vida privada expuesta, sufrir explotación
laboral. Hemos construido un relato alrededor de esta travesía,
una poesía de la que el porno carece (no hay *La La Land* para
las orgías), que parece justificar e incluso alentar estas dinámicas.
Pero la rima flaquea cuando se observa con detenimiento.

Para despejar las dudas sobre si dulcificar un mensaje puede hacer que una persona se someta de forma voluntaria a una
explotación, emplearé una anécdota que cuenta David Mamet
en su libro *Bambi contra Godzilla*:

> Conocí a Otto Preminger en su oficina de la Quinta Ave-
> nida. […] En esa misma comida me contó el rodaje de la es-
> cena de la gran multitud en *Éxodo* (*Exodus*, 1960). La escena
> es la proclamación, en la plaza de la Independencia de Jerusa-
> lén, del estado de Israel. Preminger necesitaba una plaza aba-
> rrotada, unos diez mil extras. No podía pagarlos.

—¿Y qué hizo? —pregunté.

—Les cobré —contestó. Cubrió la ciudad de carteles: salga en una película, por diez shekels. A eso lo llamo yo un productor.

El ser humano está dispuesto a sacrificar aquello que posee según alguien le haga creer que lo que recibirá a cambio es bueno o malo. Por eso los casos de retiro voluntario de la fama son tan escasos, porque nadie los entiende. Así que toca agarrarse hasta que te obliguen a soltarte.

Que te echen

Quizá la forma más habitual de finalizar una vida de famoso es que sean otros los que lo hagan por ti. Si a lo largo de este libro hemos analizado los numerosos tipos de apoyos e intereses que sostienen a un individuo cualquiera frente a los focos, es lógico pensar que esos mismos hilos pueden cortarse por aquellos que los manejan. Los propósitos para los que ese individuo servía pueden desaparecer, y al desvanecerse, se ve la trampa. El famoso, como un muñeco de madera, cae al suelo, incapaz de levantarse, y el público da por terminada la función, el telón cae. Fue bonito mientras duró.

No tiene que haber ninguna razón especial. Los directivos de una empresa cambian y, para mostrar una ruptura con la línea editorial previa, cortan por lo sano formatos que estaban funcionando bien. Los contratos se acaban, algunos no se renuevan. Los ciclos mediáticos son muy cortos y exigen mucho de una persona. Alguien puede enfermar, estar una temporada alejado de los focos y enfrentarse a la indiferencia cuando quiera regresar. Sencillamente, la fama recuerda al famoso, una y otra vez, que no es necesario. Cuando Terrence Howard rodó *Iron Man*, firmó un contrato por tres películas. Antes de rodar la segunda entrega, según sus palabras, Marvel le redujo su salario, asegurando que podían continuar con o sin él. Necesitaban más dinero, presumiblemente para financiar el sueldo de Robert Downey Jr., su estrella principal. Incapaz de negociar, Howard abandonó el proyecto. Don Cheadle lo sustituyó. Howard está ahora semirretirado del mundo de la actuación.

En cualquier empresa, estar muchos años en un puesto significa adquirir experiencia y ascender, hay pruebas para valorar tu conocimiento y demostrar que puedes adquirir nuevas responsabilidades. En la televisión, el cine, la literatura o la música mantenerse muchos años en un mismo lugar puede representar una jaula dorada, puede significar estancarse. El público y la industria valoran a aquellos que están en constante movimiento. Se fomenta el escapismo (Carlos Herrera pasó de Onda Cero a la Cope, y Pablo Motos, de Mediaset a Atresmedia). La lealtad se afianza con incrementos en los presupuestos, en los sueldos. Guerras de subastas que siempre pueden ser mejoradas por una nueva cadena, otra plataforma, marcas más poderosas. La mayoría de las relaciones profesionales y personales finalizan de forma abrupta porque solo un grupo selecto de individuos es capaz de acompañar a un titán del éxito en su camino.

En *1984*, la novela de George Orwell, aparecían conceptos y elementos nuevos en la televisión constantemente y no se debatían; del mismo modo, cuando hoy vemos que desaparecen ciertos rostros de nuestras pantallas, que luego serán sustituidos por otros, no nos cuestionamos si pueden estar manipulados. La *neolengua* se sustituye por una *neorrepresentación*. Una nueva imagen es más poderosa que mil nuevas palabras. Este fenómeno hace evidente uno de los mantras que este ensayo lleva páginas desarrollando: tenemos a los famosos que nos imponen, no a los que elegimos o querríamos. Contubernios globales aparte, es evidente que el famoso puede hacer algo para cabrear a sus jefes. Gina Carano fue despedida de *The Mandalorian*, la serie de Disney +, tras publicar varios tuits en los que se equiparaba el sufrimiento de los judíos durante el Holocausto con las represalias a líderes y simpatizantes republicanos en Estados Unidos. Meses atrás, su despido había sido comentado a raíz de otros mensajes en los que se burlaba del uso de las mascarillas entre la población.

Las decisiones tienen consecuencias, siempre las han tenido. En ocasiones, la certeza de esas consecuencias es lo que genera una acción consciente que las active. Rosa Parks, Martín Lutero, Émile Zola, todos hicieron historia sabiendo que lo que decían o hacían supondría una conmoción. Si parece que nos enfrentamos a una época más sancionadora en lo que a la vida del famoso se refiere, también se debe al incremento sin precedentes de personas públicas al que nos exponemos y a una lógica, positiva y ya comentada revisión de sensibilidades que sucede en cada cambio generacional. No debemos ver las supuestas cancelaciones como un fenómeno punitivo sin precedentes, sino como la confirmación de que la fama es un espejismo. Es un constructo que se crea alrededor de un producto, sin nexo directo con su calidad.

En 2017, Louis CK era el cómico más querido del universo. Ganador de varios premios Emmy y Grammy por sus especiales de comedia, considerado por la revista *Rolling Stone* como uno de los mejores humoristas de todos los tiempos, habitual en alfombras rojas y programas como *The Tonight Show*. A punto de estrenar su película *I Love You Daddy* en el Festival de Cine de Toronto, *The New York Times* publicó un artículo en el que cinco mujeres lo acusaban de haberse masturbado delante de ellas sin su consentimiento. Él lo confirmó todo, pidió disculpas y se retiró durante un tiempo. El día de la publicación del artículo, la distribuidora de su película archivó el estreno, HBO canceló futuras apariciones del humorista y retiró sus productos de su plataforma. También emitieron comunicados desmarcándose de CK el canal FX o los actores de su película.

Ahora, años después del escándalo, Louis CK no es tan famoso. Excepto alguna aparición puntual en pódcast de compañeros de profesión, no es bienvenido en los alrededores mediáticos. Pero su comedia sigue siendo de una calidad altísima, su entrega y dedicación a su profesión siguen intactas (continúa estrenando un especial de comedia al año) y sus giras no han dejado de ser rentables y masivas. Las particularidades de su caso muestran, una vez más, que los pilares de la fama están siempre sujetados por agentes externos. Da igual lo bien que se te dé hacer algo; si esos agentes no quieren saber nada de ti, no alcanzarás la popularidad con ello. Otro debate es si es conveniente apartar para siempre de lugares de visibilidad a cualquiera que haga daño a otras personas. Hablar de cancelación es peliagudo porque crea un contexto; la simple mención de un nombre puede confundirse con un respaldo o una condena. En esta ocasión, hablo de Louis CK solo como ejemplo de un fenómeno. Me sirve para señalar los hilos que sujetan al famoso y lo que ocurre cuando se cortan. Testimonios como este del propio CK en el pódcast *Flagrant* ayudan a entender la sociedad en la que vivimos:

> —La aceptación de la industria. Cuando estabas en la cima de la montaña […] eras el niño mimado, todo lo que hace este tío es increíble, rompedor, etcétera. ¿Es adictivo? Porque después de 2017, esa sensación ya no está ahí, pero sigues sacando el mismo producto. A los fans les sigue gustando igual. ¿Lo echas de menos?
>
> —En realidad, fue un gran descubrimiento. Coger aviones privados para ir a estadios no es realmente lo que me metió en la comedia. Nunca me he sentido cómodo con la fama, la gran fama. Me gusta sentirme como una persona. He estado haciendo esto durante treinta y siete años, tiempo suficiente para saber que cuando estaba recibiendo una gran aceptación era algo de corta duración. […] La cima de una montaña es un lugar que visitas. No vives allí. No vives en una tienda de campaña chupando oxígeno de una bombona. No es divertido estar ahí arriba. Es una meta. Pero no es una vida. Es un lugar para visitar y es un lugar para ser visto desde kilómetros a la redonda. Para que puedas coleccionar fans. Ahora actúo en todo el mundo y lo hago gracias a la oportunidad que me dio esa gente de Hollywood de llegar alto.

Si no queréis escuchar a Louis CK, hay muchos otros que comparten su analogía sobre la cima. Como Noel Gallagher: «Para llegar a la cima, o cerca de la cima, tienes que estar increíblemente motivado. Y lo que te impulsa es tu ego. Y cuando llegas allí, y todo el mundo tiene ego, puede ser difícil mantenerse».

Lo más importante, piensen como piensen, es que se den cuenta de que todo lo que les ocurre a aquellos que pierden de forma abrupta su trabajo es responsabilidad directa de su dependencia ante otros intereses. Casi nunca, de la disminución de su calidad como profesionales.

No llegar

Igual que el agua puede presentarse en estado líquido, sólido o gaseoso,[71] la fama puede presentarse en pasado, presente y futuro. Las industrias de la fama no solo capitalizan y se aprovechan de los momentos álgidos, también sacan tajada del desarrollo previo. Existen premios al actor revelación, galardones a promesas en la música, artículos sobre los guiones más prometedores, residencias para futuros atletas olímpicos o menciones a chefs que pueden llevarse una estrella Michelin. Esta renovación de caras también suele ir acompañada de una voluntad controladora: si somos nosotros quienes hacemos cantera, abarataremos costes, alinearemos ideologías y aglutinaremos talento.

The New York Times ofrece, de manera gratuita en su canal de YouTube, una serie de cortometrajes documentales llamada *Almost Famous* (Casi famosos).[72] Vídeos de quince minutos que repasan la carrera de Kim Hill, The Liverbirds, Ed Dwight Jr. o Devon Michael. Ningún nombre te sonará, pero quizá levan-

---

[71] Creo que también hay algo llamado «plasma». Si has venido a esta nota al pie buscando esta aclaración, te doy un abrazo.

[72] ¿Cómo se le ocurrió a Cameron Crowe llamar a su película *Casi famosos* si no existía una película llamada *Casi famosos* con la que la gente bautizase documentales o libros sobre la fama?

tes una ceja si me refiero a ellos como la mujer que abandonó
los Black Eyed Peas, el grupo de pop femenino que le pisaba los
talones a los Beatles, el hombre que pudo convertirse en el
primer astronauta negro o el niño que casi interpretó a Anakin
Skywalker en *Star Wars. Episodio I: La amenaza fantasma*. En
primera persona cuentan cómo sus vidas pudieron ser algo que
saliese en los libros de historia.

Más allá de las particularidades de cada caso, un análisis
colectivo de todos estos testimonios arroja diferentes verdades.
El hecho de que se pueda jugar a prever el éxito de una carrera
implica, una vez más, que el juego está amañado. Que existan
casos de gente que «casi» fue famosa demuestra que la fama es
un camino construido. Si se puede diseñar hacia delante, es porque se ha repetido tantas veces que ya se puede recordar. Además muestra cómo la fama depende de oportunidades concretas
y gustos arbitrarios, de contextos, de cambios de paradigma.
Kim Hill abandonó ante la presión, las chicas de la banda Liverbirds no podían abrirse hueco en una industria para hombres;
Ed Dwight Jr. funcionó como marioneta política hasta que dejó
de ser útil, y Devon Michael pudo haber triunfado, pero se
sometió al arbitrario gusto de George Lucas.

¿A quién le importa la gente que sí lo consigue?[73] Basta de
hacerles caso. Nuestra fascinación por el triunfo solo sirve para
perpetuar la presión sobre el que no lo obtiene, para convencernos de que las manzanas podridas arruinan el cesto, de que
un par de drogadictos han jodido Hollywood (un sitio maravilloso) o de que dos adolescentes han estropeado YouTube, que
no tiene nada de malo. No, lo interesante es enfrentarse a la

---

[73] Preguntó, después de haberles dedicado un libro.

evidencia silenciosa, a la cada vez más palpable certeza de que, solo por estar dentro del cesto, la manzana se pudre, las vidas se agrietan. Lo interesante es el millón de personas que no llegan o que acaban destrozadas por el camino. En esa trituradora está la prueba de un sistema corrupto. Los casos de aparente éxito o de supuesto bienestar en la cima son cortinas de humo que no dejan ver los cadáveres apilados en la base.

Una certeza final que arroja el análisis de aquellos que no llegaron, por poco, a ser famosos es que, en sus casos, cuando la fama se acaba antes de aparecer, genera resentimiento. Pero si se acaba después de llegar, da lugar a resentimiento y síndrome de abstinencia. Y si se mantiene, provoca cualquiera de los terribles síntomas que analiza este libro. No sé si Devon Michael, casado y dedicado a escribir cuentos para niños, se cambiaría por Jake Lloyd, quien finalmente interpretó a Anakin, para, años después, retirarse de la actuación como consecuencia de una atención mediática que agravó un trastorno de personalidad e incluso lo llevó a pasar por la cárcel. O si Ed Dwight Jr. sabe que Neil Armstrong sufrió depresión y pasó toda su vida luchando contra el síndrome del impostor, sintiendo que su logro no representaba nada. Fergie disfrutó de un éxito sin precedentes con Black Eyed Peas y años después decidió separarse del grupo para ser madre, así que ella y Hill entenderían bien que esto no puede durar siempre. De los Beatles, hombre, es verdad que mal no les fue, pero tienes un 50% de posibilidades de protagonizar un final trágico.

En su quinto especial de comedia *Sticks & Stones* (Palos y piedras), Dave Chappelle compara así la tumultuosa vida interior de un exitoso personaje célebre con la resignación de un hombre corriente:

No debemos olvidar que Anthony Bourdain se suicidó. Anthony Bourdain tenía el mejor trabajo que ha dado el mundo del espectáculo. Viajaba por todo el mundo y comía deliciosas comidas con gente excepcional. Ese hombre, con ese trabajo, se ahorcó en una suite de lujo.

Cuando estaba en el instituto conocí a un tío que era un genio. Las notas de este hijo de puta eran tan buenas que consiguió ascender desde su barrio a una escuela de la Ivy League con una beca completa. Se metió en una de las mejores escuelas de derecho del país. Y cuando estaba en la facultad de Derecho, conoció a una mujer y se enamoraron. Se iban a casar. Recuerdo cuando me lo contó. Estaba en mi casa por Navidad. Y yo le dije: «Mi hombre, mi hombre, ¡guárdate esa perra para más adelante!».

Pero estaba enamorado. No me escuchó. Se casó con ella mientras estaba en la facultad de Derecho. Y tristemente se divorciaron. Mientras él estaba estudiando. Este tío no tenía nada y esa perra tomó la mitad de eso. No lo volví a ver. Pero hace dos años estaba en Washington haciendo algunas compras, voy a Footlocker y ¿adivinas quién es el gerente? ¡Ese pavo! Vestido como un árbitro. El cabrón tiene cuarenta y cinco años. Salimos a beber esa noche, tratando de ponernos al día. Y me dijo que había estado viviendo con su madre durante diez años, tratando de recuperarse. Pero ese no es el punto de la historia. El punto es que a este hijo de puta nunca se le ocurrió suicidarse. Está vivo y bien en DC. ¡Incluso le sugerí que lo intentara!

Todavía tiene que venir alguien a convencerme de que ser famoso o haberlo sido es mucho mejor que no conseguirlo.

«Here I Come (There You Go)»

La fama provoca una desconexión entre lo que uno es y lo que los demás perciben. Este síntoma recurrente explica, en gran medida, cualquiera de los tres supuestos anteriores: el famoso que se va, el famoso al que retiran o el que casi lo consigue. Todos ambicionan la fama como justificación final de ellos mismos, pero con ella viene una aguda despersonalización. El camino que prometía terminar en entendimiento solo alberga, en su final, desgaste y deformación. La fama individualiza al tiempo que despoja al famoso de toda identidad. Así lo explica, con un ligero enfoque histórico, Leo Braudy en *The Frenzy of Renown:*

A lo largo del siglo XX creció el sentimiento popular de que los famosos son, al mismo tiempo, más reales y menos reales. Más reales por la intensificación de su realidad, la grandeza de sus imágenes en nuestros ojos y mentes. Menos reales porque esa intensificación promete disponibilidad constante y, por tanto, voluntad para abandonar sus vidas privadas, para que estas sean invadidas —ya que, después de todo, participan en un espectáculo—. Pero para aquellos intérpretes que no podían rellenar el hueco entre lo que vendían y lo que «realmente eran», la colisión era inevitable.

Hay tantos ejemplos de esa colisión como perfiles de redes sociales en el mar. Muchísimos, incluso fuera de la actuación. Por ejemplo, Howard Hughes. El empresario y filántropo pasó de participar en todo tipo de actividades (fue aviador, inventor, productor de cine) a ser un recluso en su propia casa. De un mundo de gente a la que le importaba muchísimo su aspecto pasó a que no le importase en absoluto. Nunca veía a nadie y dejó que su pelo y sus uñas crecieran sin control. Así hablaba durante sus últimos días: «En un mundo en el que interpretar es la llave para la fama y el cuerpo es su expresión más directa, solo aspirantes mediocres buscan ser bellos. El auténtico reto es ser feo, grotesco, porque así, si ganas, ganas a lo grande. Si te aceptan siendo horrible, debe de ser por lo que realmente eres».

Rich Little fue un cómico de mediados del siglo xx que se ganaba la vida como imitador. Entre otros personajes, habitualmente parodiaba al actor John Wayne. Un día, ambos coincidieron. Preocupado por que Wayne se mostrase ofendido, Little se presentó con cautela, pero Wayne le recibió con calidez, agradeciéndole que hubiese mantenido su carrera a flote haciendo recordar su imagen al público. Momentos después, Wayne pidió un favor a Little. ¿Sería tan amable de leer un guion que había recibido, con la voz y los gestos del actor, para ver si le encajaba? John Wayne usaba a su imitador para ajustar su imagen, para comprobar cómo se proyecta en los demás.

Podríamos argumentar que aquellos famosos capaces de reducir su identidad a un compendio identificable de gestos o sonidos serán siempre los más populares, puesto que en esta condensación reside la facilidad para que la industria los explote, el público los reconozca y los medios los exporten. La elegancia de _ _ _ _ , la rebeldía de _ _ _ _ _ o el erotismo de _ _ _ _ son ejemplos de esta sublimación.[74] Pero en su viaje hacia la máxima reducción, en la presión de la industria por convertir sus dejes en

---

[74] Los nombres con los que rellenes estos huecos habrán conseguido trascender su oficio y convertirse en símbolos. No hay nada que genere más beneficio que eso.

unidades con significado que sean capaces de vender camisetas, el famoso pierde conexión consigo mismo. Pierde conexión con la razón por la que los demás lo adoran. La persona detrás de aquello que representa siente que tiene mucho que demostrar. Y eso que, en teoría, al llegar tan alto le habían prometido que no habría que demostrar nada más.

Irse del todo

Juan Antonio cantaba. Nacido Juan Antonio Castillo, en el año 1966, en Córdoba, eso fue lo que le dijo al dueño de un local en el que actuaba una noche. Se había separado de su anterior grupo, Pabellón Psiquiátrico, con los que había cosechado un considerable éxito (con gira por Latinoamérica incluida), pero también rechazos (especialmente del *mainstream* o de grupos como Hombres G, a los que, por lo que sea, no les hizo gracia la canción «G de Gilipollas»). Comenzaba, pues, su carrera en solitario. Sin saber cómo llamarse, quizá sin saber quién era. «Soy Juan Antonio y canto», diría. El responsable del bar cogió un pedazo de tiza y apuntó en una pizarra: «Juan Antonio Canta». Él, que era artista, encontraría en la sencillez y la ironía el empuje suficiente para no darle más vueltas. Abrazó su mote y con él siguió girando.

Otro bolo, en otro escenario, marcaría su destino para siempre. Fue en el teatro Alfil, un céntrico local de Madrid. Mientras Juan Antonio le daba al cante, Pepe Navarro, presentador de *Esta noche cruzamos el Mississippi*, asistía entusiasmado. El *Mississippi* fue un exitosísimo programa de medianoche, emitido en Telecinco entre 1995 y 1997, que mezclaba actualidad morbosa, contenido subido de tono y humor adulto. Duró dos temporadas, a pesar de que su audiencia lo podría haber mantenido siglos. Luego su espíritu perviviría en *Crónicas marcianas.* Navarro propuso a Juan Antonio convertirse en un habitual de su guarida. La idea era sencilla, aunque no por ello menos surrealista: tocar una de sus canciones, «El rap de los 40 limones», mientras chicas con poca ropa bailaban a su alrededor.[75] Un esperpento al que el propio Juan Antonio, resignado, se refería como la «ceremonia de la confusión».

Juan Antonio Castillo era un artista. Un poeta que ya no manejaba el barco de su vida, que se paraba en puertos que nunca quiso visitar. *Las increíbles aventuras de Juan Antonio Canta*, el disco que contenía «El rap de los 40 limones», incluye canciones que navegan entre lo hilarante y lo desgarrador, entre lo sencillo y lo complejo. Lo de los limones es una gran canción, pero la pasión que suscitó fue demasiada. Por encima de todo, Castillo sentía que no le representaba. La separación entre lo que él quería ser, lo que él creía que era y lo que los demás veían se acrecentaba con cada programa del *Mississippi*. Igual que John Wayne, igual que John Huston. Allá donde tocaba, la gente solo quería escuchar el mismo tema una y otra vez. Tras sufrir de depresión, este cantautor único y brillante se ahorcó en su garaje en 1996, a los treinta años.

No sé nada del suicidio, así que nada aseguraré. Solo puedo intuir dos cosas, tras haber analizado este y otros casos de famosos que toman una decisión tan trágica. La primera, que habitualmente llega cuando la fama separa por completo al

---

[75] Las chicas se llamaban «Las cítricas». Si alguien piensa que este tipo de televisión, que mezcla humillación y carne, ya no existe, que se pregunte dónde aprendieron su oficio los que ahora diseñan programas.

individuo de su reflejo, cuando la imagen que devuelven las miradas de los otros no se corresponde con la que su memoria muestra. La segunda es que se trata de una muerte silenciosa. Las campañas de prevención siempre animan a hablar a cualquiera que esté pasando por un momento difícil o que sufra una enfermedad mental, a comunicarse con quien sea: un ser querido, un especialista, una persona cercana... La fama, insisto, suele aislar. Nadie quiere oír quejarse a un tipo que sale en la tele, llena sus conciertos y parece tener éxito al ligar. Las voces no se exteriorizan. Las desgracias ocurren.

LO QUE SÉ DE LAS DROGAS

Mucho peor que verse reducido al símbolo de un ideal, es el reflejo oscuro de este mismo caso. No ser reconocido como un símbolo de una cualidad, sino de un defecto. En su documental estrenado en Netflix en 2023, vemos cómo Robbie Williams no dejaba de llenar estadios, pero la dureza de la sensacionalista prensa británica suponía un techo en su carrera. Por mucho que hiciese, por mucho que demostrase, siempre sería un ídolo adolescente sobrevalorado, drogadicto y con tendencia a engordar. Es difícil escapar de una verdad repetida mil veces. Robbie Williams se embarcaba en giras infinitas para demostrar su talento. Como eran más de lo que cualquier humano podía soportar, consumía toda clase de drogas, muchas de ellas por prescripción médica. Cuando las giras terminaban y su imagen no había cambiado, volvía al consumo para evadirse. Las fotos en fiestas o en baja forma física alimentaban a los *paparazzi*.

Él no se fue por culpa de sus adicciones, pero sí lo hicieron
Amy Winehouse, Mac Miller o Paul Gauguin. No he hablado
mucho de adicciones en este libro. Al menos, si me he referido a
ellas, he procurado hacerlo teniendo en cuenta que son enfermedades. Conozco —no en primera persona, pero sí de cerca—
las transformaciones que viven aquellos que las sufren, al igual
que el dolor que despiertan en sus seres cercanos. Grandes artistas han dejado este mundo debido a la inclemente mezcla de
enfermedades mentales y drogas. Hay un puñado de certezas
que extraer de sus experiencias, alejándonos del ruido y el mor-
bo que suelen empañar el análisis de todos estos casos.

Alguien dijo una vez, creo que en Twitter, que al hacerte
adulto te das cuenta de que todo el mundo se droga y de que
el queso es caro. Este no es un libro de quesos.[76] En lo que respecta a la droga, creo que la frase resuena no tanto por cierta
como por plausible. Lo que abunda no es un uso democratiza-
do de la droga, sino una normalización de su uso. Quizá, durante una cena de diez personas, dos vayan al baño a consumir
cocaína. Igual, entre los miles de asistentes a un concierto, un
porcentaje relativamente bajo tome MDMA. Pero el resto lo
sabe, lo celebra e ironiza. Esta es la primera piedra para una
adicción, contar con un entorno que la tolere. Y la fama tolera
las drogas, igual que el resto de los males antes nombrados. Vaya
que si lo hace.

Los famosos están tan a tope con el consumo de drogas que
prácticamente han creado un universo a su alrededor que las
potencie, permitiéndoles seguir ingiriéndolas sin freno, hasta
casi el último momento posible. Los primeros años probando

---

[76] DEMASIADO QUESOSOS.

nuevas experiencias dan lugar a peleas en bares, conducción ebria o *speed* esparcido en espaldas de prostitutas. Da igual, porque se sueltan unos millones para ingresar en una clínica y se vuelve recuperado: entrevista con Oprah, documental en la plataforma que más pague y un papel interpretando a un superhéroe trasnochado; y si no eres actor: disco o novela añadiendo poesía a tus excesos. El ciclo natural del famoso está tan ligado al exceso que casi resulta paródico. Si no fuese porque la mayoría palman.

No existe una barrera para que el famoso deje de drogarse. Únicamente la económica. Si se deja de generar ingresos, se le hará una intervención. Si es insostenible, si su trabajo está a punto de terminarse, se le ofrecerá una salida. Pero mientras ese extremo no llegue, aquí nadie dice nada. Mathew Perry confesaba, al hablar de su larga lucha contra la adicción, que no soportaba ver *Friends*, la serie que le hizo célebre. ¿La razón? Podía adivinar, según su estado físico, qué droga estaba consumiendo en mayor cantidad cada temporada. Era la serie más exitosa del planeta, ¿quién le iba a decir que parase?

Durante los años setenta y principios de los ochenta, Andy Gibb, hermano pequeño de los Bee Gees, disfrutaba de una prometedora carrera en solitario. Era el cuarto, el pequeño, pero ya tenía dinero, éxito, fama… y comenzó a consumir cocaína. Su hermano Maurice recuerda una conversación que mantuvieron durante aquellos años: «Se drogaba; consumía cocaína. Hablé con él fuera, en el balcón. Diciendo: "Esta es una casa muy bonita, Andy, es un coche alucinante el que tienes ahí fuera, ese Porsche, muy bonito. No te vas a quedar con todo esto, ¿sabes?". Él dijo: "¿Qué quieres decir?". Dije: "Si haces lo que estás haciendo, estas cosas desaparecerán. Todo esto desa-

parecerá. Tu carrera se irá por la ventana, todo"». Andy Gibb
fallecería en 1988, a los treinta años de un infarto. Su corazón
había sufrido demasiado. Sus otros dos hermanos no murie-
ron a causa de las drogas, sino que a los dos se los llevó el cáncer.
Aun así, la frase con la que Barry Gibb, último miembro con
vida de los Bee Gees, cierra su documental es el mejor testimonio posible para cerrar este capítulo: «Preferiría no tener ningún
éxito, pero traerlos de vuelta».

EPÍLOGO

Gracias de verdad por haber terminado este ensayo. Yo estoy muy orgulloso de cada página, pero que tú lo hayas leído le otorga un valor completamente nuevo, algo con lo que jamás habría soñado.

Al comenzar *Demasiado famosos*, te prometí dos cosas. La primera, que al acabar tendrías más conocimiento, más herramientas para cuestionar tu realidad. La segunda tenía que ver con la posibilidad de cambiar el mundo. Admito que, después de haber leído ciertas cosas, es posible que sientas que mucho de lo que ocurre en las altas esferas de la fama seguirá ocurriendo con o sin tu consentimiento: la manipulación, el retorcido empleo del dinero, la tristeza de aquellos que entran en la rueda, la ausencia de criterio, el aislamiento. Pero te sorprendería lo preocupados que están allí arriba por lo que tú piensas, por lo que tú haces, por lo que tú dices.

Recoge esta preocupación y no la devuelvas con rencor, sino con atención selectiva. No castigues, premia. Amplía tu criterio. Detente y selecciona mejor tus contenidos. Sé más responsable al consumir. Piensa en el medio ambiente, en los derechos de los trabajadores, en la defensa de la propiedad intelectual. Fa-

vorece la integración y ayuda a que los demás descubran talento que no tenga nada que ver con los favoritismos. Hay muchas
personas muy buenas ahí fuera, haciendo cosas excepcionales.
Ofréceles a ellas tu imperturbable apoyo. Y al resto combátelas
con indiferencia.

En el mejor de los casos, todos apagaríamos las redes sociales. Durante los últimos meses de escritura de este ensayo, me
obligué a no entrar en Twitter ni en Instagram por miedo a que
confeccionasen en mi cabeza una imagen del mundo demasiado concreta de la que no pudiera escapar. Mientras escribo
estas líneas, todavía no he vuelto. Fantaseo con la idea de no
hacerlo, de encontrar alguna forma de combinar la capacidad
de promocionar mi trabajo con la libertad mental que se adquiere al separarse de ellas. Pasamos demasiado tiempo pensando en otros. Especialmente, pasamos demasiado tiempo
pensando en famosos. En esa gente que, como acabas de ver, se
construye mediante una serie de caminos establecidos y acep-
tando una gran carga de defectos. No permitas que entren en
tu vida.

Otro día, quizá en otras páginas, hablemos de otros temas.
Si puedo dejarte con algunas certezas que he acumulado, creo
que elegiría las siguientes. Nunca te arrepentirás de ser demasiado cariñoso. La felicidad siempre vendrá de tu interior, jamás
de elementos externos. No permitas que nadie niegue lo que
sientes solo porque exista un sentimiento mayor. Al final todo
es pasajero. Como esta sombra, incluso la oscuridad se acaba
para dar paso a un nuevo día. Y cuando el sol brilla, brilla más
radiante aún.

Cuídate mucho.

AGRADECIMIENTOS

Estoy profundamente agradecido a David Andrés, mi editor, por su entusiasmo y acompañamiento a lo largo del proceso. A los correctores y a todo el equipo de Penguin, incluso a los que no les he hecho caso, gracias por tratar mi libro con cariño.

Gracias a Jaime Lorente por su sinceridad y generosidad en el prólogo.

Gracias a Alejandro Famos por el diseño de la portada. Un día estábamos pasándonos notas en clase y, ahora, *look at us. Who would have thought? Not me!*

Gracias a la Biblioteca José Luis Sampedro y a la Biblioteca Pedro Salinas. En sus mesas escribí la mayor parte de este libro. A todos los chavales que iban a estudiar allí y no hacían ruido, gracias de verdad. Viva lo público.

Gracias a Miguel Anómalo por su ayuda en el capítulo sobre superstición. Y por demostrarme que hay gente que conoces en la tele con la que sigues quedando para desayunar.

Gracias a Nacho Encabo y Carlos Herrero por ayudarme a entender a Rafa Nadal. No sé ni coger una raqueta. Hulio.

A Juan Sanguino, Juan Rayón, Pepe Colubi y Victoria Martín, por leer y valorar este libro antes de que se publicase y por ser gente espectacular.

«Para viajar lejos no hay mejor nave que un libro».

EMILY DICKINSON

Gracias por tu lectura de este libro.

En **penguinlibros.club** encontrarás las mejores recomendaciones de lectura.

Únete a nuestra comunidad y viaja con nosotros.

penguinlibros.club

Penguin
Random House
Grupo Editorial

 penguinlibros